Vender más en Internet

David Boronat y Ester Pallarès

Vender más en Internet

La persuabilidad o el arte de convertir usuarios en clientes

Gestión 2000

Diseño cubierta: El taller interactivo, S. L.
Traducción y producción: Creacions Gràfiques Canigó, S. L.
© Ilustración de cubierta: Franck-Boston / iStockphoto

Título original: *Vender más en Internet*
© 2009 David Boronat Millán y Ester Pallarès Miró
© Ediciones Gestión 2000
Planeta DeAgostini Profesional y Formación, S.L.
Barcelona, 2009

ISBN: 978-84-9875-022-5
Depósito legal: B-15711-2009
Impresión: Book Print Digital
Impreso en España - *Printed in Spain*

A Enric y Claudi, por inspirarme cada día.
Ester Pallarès

A Sara, Ian y Asha por despertarme cada mañana con esa gran sonrisa.
David Boronat

Sumario

Introducción

La hora de la conversión: llega la persuabilidad

La Internet donde el usuario es el centro de nuestras preocupaciones ha llegado a su fin. O debería. Y es que llevamos demasiado tiempo derrochando excesivas energías y esfuerzos en satisfacer a un desagradecido e infiel usuario. El foco no puede seguir siendo el usuario. El foco debe desviarse desde él hacia su conversión. Conversión en cliente.

Con estas palabras –publicadas a mediados del año 2005 en un artículo de la revista *Infonomía* bajo el título «Tú no quieres tener usuarios»–, empezábamos a dar forma a un concepto que –con el nombre de *persuabilidad*– cambiaría la manera en la que desde Multiplica definimos y conceptualizamos la presencia en Internet de todo tipo de negocios e industrias.

Hasta la fecha, las energías que estábamos poniendo entre todos no estaban plenamente enfocadas a maximizar nuestros resultados. Los contenidos, la usabilidad o el diseño gráfico acaparaban hasta ahora nuestra atención. Nos olvidábamos del factor clave: el diálogo con nuestros usuarios, nuestros clientes. Un diálogo que permita, página a página y enlace a enlace, que estos se vean envueltos por un entorno que no solo haga más sencilla o atractiva la navegabilidad, sino que facilite la comercialización de nuestros productos o servicios.

Y es que Internet ha cambiado mucho desde sus inicios comerciales alrededor del año 1995. Su impacto empresarial en la mayoría de sectores e industrias es ya absolutamente indiscutible, convirtiéndose en un eje de proyección, negocio y crecimiento cada vez más importante y poderoso y la manera que tenemos de persuadir y convertir a nuestros usuarios ya no puede ser la misma.

De la atracción a la conversión

Probablemente –hasta la fecha– nos hemos centrado durante demasiado tiempo en atraer usuarios y poco en seducirlos y convencerlos. No obstante, el reto actual no es otro que el de convertir. Atraer sin convertir sirve de poco. Por tanto, la conversión –de una vez por todas– se debe ubicar en el centro de nuestras preocupaciones.

Pero, ¿qué entendemos por conversión? Estrictamente, es el número de usuarios que –tras visitar nuestra página web– completan una determinada acción: compra, inscripción, consulta... Necesitamos conducirlos hacia un objetivo concreto, no solo facilitarles la navegabilidad. Nuestra capacidad para seducir al usuario a lo largo de toda nuestra presencia *online* será la que explique nuestra capacidad de maximizar nuestros resultados en la red. Puro marketing adaptado al medio –el de Internet– con unas reglas y particularidades muy propias.

Y debemos entender, de una vez por todas, que no será suficiente con eliminar todos y cada uno de los obstáculos presentes en nuestra navegación. Los obstáculos dificultan la navegación, pero su eliminación –por sí misma– no facilita la conversión. Como veremos más adelante, es necesario erradicar todo tipo de obstáculo o problema, pero no es suficiente.

En este sentido, la usabilidad –el concepto sobre el que hasta ahora ha pivotado el diseño de los sitios de índole comercial– se nos presenta como una disciplina necesaria pero superada. A una presencia *online* se le debe ya suponer a estas alturas que sea fácil de usar y navegar. Estamos en otro momento. No podemos conformarnos con tener una página web usable. Ahora es el momento de convencer, persuadir y vender. De ser mucho más agresivos en nuestros planteamientos e impulsar a nuestro usuario, en su paso por nuestra presencia *online*, de una página a otra hasta convertirlo en cliente.

La evolución de Internet obliga a todas las empresas, grandes y pequeñas, a convertir su sitio web en el centro de su actividad comercial. Este libro debe servir para entender todo esto pero, sobre todo, para saber qué pasos dar de cara a esa reformulación. Queremos ofrecer al lector una guía para que pueda reformular su página web, convirtiéndola en algo más que una simple tarjeta de presentación.

Para asumir esa responsabilidad, nos valemos de una larga experiencia y de la seguridad que otorgan los resultados que hemos ido obteniendo, trabajando para empresas como Iberia, Sanitas, la Caixa, el RACC, Vodafone, Ikea o Telefónica. Nuestra presencia en España así como en Santiago de Chile, Buenos Aires y ahora en São Paulo o Miami nos permite conocer antes que nadie cuáles son las claves del éxito para persuadir a nuestros usuarios y convertirlos en clientes. Y en este libro nos hemos propuesto compartir contigo mucho de lo aprendido.

También nuestra labor como partners oficiales de soluciones como Google Analytics, Google Website Optimizer, Omniture u Offermatica nos da un punto de vista único para entender cuáles son las técnicas más efectivas para mejorar los ratios de conversión de las empresas con las que trabajamos desde el rigor y la ciencia que nos aportan este tipo de herramientas de medición *online* o test multivariante.

Llega la persuabilidad

La persuabilidad es, por tanto, el siguiente paso en ese proceso de conversión. Debemos ser capaces de que nuestra página web, el centro neurálgico de nuestra actividad en cada vez más sectores e industrias, sea capaz de guiar al usuario hacia el objetivo marcado: convertirlo en suscriptor, lead o cliente, basándonos para ello en argumentos racionales y factores emocionales.

El acrónimo persuabilidad se compone de los términos persuasión y usabilidad. *Persuasión* entendida como el proceso mediante el cual se guía a las personas a la adopción de una idea, actitud o acción a través de argumentos racionales y factores emocionales. Y *usabilidad* entendida como la disciplina que facilita el acceso de los usuarios a los contenidos de un sitio.

Se trata de una disciplina que –más allá de la usabilidad– interioriza en uno todo los deseos y necesidades del internauta, el *momentum* en el que se encuentra, la propuesta de valor de una página web y la óptima estrategia de marketing que deberemos usar.

Profundiza además en la psicología del usuario –sus frenos y motivaciones, sus dudas y recelos– para analizar todos los elementos que pueden condicionar las pequeñas decisiones que tome a lo largo de su visita a nuestro sitio.

La persuabilidad no solo atiende a los diferentes arquetipos de usuarios y escenarios de relación y motivación de compra a los que nos debemos enfrentar, sino que además tiene en cuenta aquellos aspectos que consiguen hacer clic en el cerebro del usuario para que finalmente tome una decisión a nuestro favor.

Comprende, también, los diferentes puntos de contacto, referencias y fuentes de información de los que se nutren los usuarios de nuestras marcas y empresas (páginas web, tiendas, blogs, redes sociales, correos electrónicos...). Nuestra relevancia, nuestra credibilidad y nuestra reputación vienen, más que nunca, determinadas por la información que corre por la red sobre nosotros mismos. Nos enfrentamos por tanto, a consumidores con un gran poder y conocimiento.

Ya no podemos caer en meras manipulaciones o sugestiones, debemos entender el nuevo contexto en que nos movemos y la importancia que ha tomado la transparencia de nuestra marca y la confianza del cliente. La persuabilidad debe ser una herramienta que ayude al cliente a tomar la decisión más acertada, dotándole para ello de la más completa información.

Pero la persuabilidad no solo es imprescindible para proyectos comerciales, cualquier sitio con vocación de servicio y muy especialmente de egovernment o gobierno electrónico –orientados a impulsar al ciudadano a relacionarse con la administración pública a través de la red– requiere también de las mejoras que proponemos. Siempre debe (o debería) haber una acción que esperamos que éste realice: descolgar el teléfono, comprar *online* o rellenar un formulario. Nadie debería quedar fuera de esa lógica.

Más ciencia y menos intuición

¿Por dónde debemos empezar? ¿Cuál es el primer paso que debemos dar? La medición, atenta de lo que sucede al instante en cada proyecto, pasa a ser el único vehículo para conocer las posibilidades de conversión en cada caso. Destrona disciplinas como la usabilidad o el diseño y pasa a ser una pieza angular de cualquier proyecto, imponiéndose, más que nunca, como fuente de conocimiento de las acciones que nos acercan o alejan de nuestros objetivos de conversión.

La medición como disciplina que nos permite –a través de soluciones como Omniture o WebTrends pero sobre todo Google Analytics– entender cómo se comportan nuestros usuarios dentro de nuestra página web. Nos permite además, empezar a poner mucha más ciencia y menos intuición en el proceso de mejora continua. Debemos conocer perfectamente el comportamiento de nuestros visitantes, usuarios o clientes.

La medición de la conversión se basa en una periodicidad diferente y en la observación de cuestiones hasta ahora poco explotadas:

- La periodicidad deja de ser mensual, semanal o incluso diaria para pasar a funcionar en tiempo real
- La medición se centra ahora en la conversión de cada proceso; el análisis de rutas de comportamiento y momentos de fuga; el análisis de escenarios y perfiles; la observación de las visitas necesarias para que el usuario pase a ser cliente; o las técnicas más avanzadas del Web mining

Esta nueva medición mucho más focalizada e inteligente es imprescindible para iniciar un proceso de tuning: más allá de rediseñar nuestras presencias de arriba abajo nos acostumbramos a entrar en un proceso de mejora continua hasta ahora inexistente.

Para ello es necesario proponer y testar cambios en continuo. Testear en tiempo real con usuarios reales gracias a la aparición de herramientas como Offermatica u Optimost pero sobre todo con la aparición de Google Website Optimizer. Con ellas podremos aprender y mejorar en tiempo real. Entraremos en una dinámica de mejoras de aspectos tan diversos como los *copys*, el uso de imágenes y colores, el planteamiento de nuevas promociones, la simplificación de determinados procesos o la introducción de nuevos sistemas de pago. Cualquier cosa hasta encontrar la fórmula perfecta.

Los 7 ejes de la persuabilidad

Como verás a lo largo de todo el libro, cuando un usuario llega a tu página web son miles las variables que pueden afectar a su conversión. A esto hay que sumarle los distintos tipos de usuarios que nos vistan, sus distintas necesidades y los diferentes estadios de acercamiento a nuestros productos en los que pueden estar. Multipliquemos todo ello por todos los productos y servicios que podemos llegar a ofrecer. Resultado: demasiadas cosas a considerar.

De entrada y con el objetivo de estructurar aquellas mejores prácticas que debemos considerar, nos proponemos seguir –uno a uno– los 7 grandes ejes que estructuran la persuabilidad y que abordaremos en los capítulos centrales del libro.

Aquí los queremos presentar en forma de algunas preguntas clave que debemos hacernos para mejorar nuestra persuabilidad:

- **Posicionamiento claro.** ¿Transmites el posicionamiento y la personalidad de marca de manera idónea? ¿Consigues transmitir adecuadamente tu propuesta de valor? ¿Sabes transmitir cuán diferente eres de tus competidores?

- **Credibilidad y confianza.** ¿Generas suficiente credibilidad en tus usuarios? ¿Les das la suficiente confianza?
- **Arquitectura de la persuasión.** ¿La navegación en tu página web facilita la conversión? ¿Tiene la suficiente linealidad para llevar al usuario allí donde queremos llevarlo?
- **Contenidos que convierten.** ¿Tienes contenidos, funcionalidades y servicios que apoyen adecuadamente el proceso de compra y contribuyan a persuadir a tus usuarios?
- ***Copys* seductores.** ¿Escribes para la página web? ¿Y lo haces para conectarte con tus usuarios con un lenguaje empático, cercano y persuasivo? ¿Tus mensajes son suficientemente relevantes?
- **Llamadas a la acción.** ¿Tus llamadas a la acción son suficientemente visibles y claras para guiar al usuario en todo el proceso?
- **Sensación de urgencia.** ¿Generas presión y sensación de urgencia en el usuario?

Nos hemos propuesto hacer un libro muy práctico y pedagógico que recoja cosas obvias (pero que muchas veces por ser tan obvias no atendemos adecuadamente) y otras mucho más sutiles que seguro te sorprenderán. Todo ello con una estructura ágil y un lenguaje ameno que huye de tecnicismos, y que con ejemplos varios sin duda te servirán de ayuda y complemento a la lectura.

1

Posicionar tu marca: la primera impresión es la que queda

Tres primeras cuestiones que debemos plantearnos antes de empezar a hablar de cómo posicionar nuestra marca y cómo presentar nuestra propuesta de valor en nuestra página web:

1. ¿Cuántos son los sitios a los que asomamos la cabeza desde Google durante un día y **en seguida nos damos cuenta que no son lo que estábamos buscando** y simplemente apretamos el botón *back*?
2. ¿Cuántas son las **millones de páginas web** entre las que debemos repartir nuestra escasa atención?
3. ¿Cuántos son los **segundos de media que le dedicamos a aquellas páginas web que visitamos por primera vez?**

Las dos primeras preguntas tienen una fácil respuesta: MUCHOS. La tercera también: MUY POCOS.

Ante tal escenario, debemos plantearnos tres cuestiones más:

1. ¿Podemos permitirnos obviar explicar de manera sencilla y atractiva cuál es nuestra **propuesta de valor** y por qué el usuario debe seguir dedicándonos algunos segundos más antes de darle al botón *back*?
2. ¿Nos podemos permitir el lujo de no explicar nuestro **posicionamiento** de manera clara y contundente?
3. ¿Cuántos son los **mensajes que podemos llegar a comunicar en esos pocos segundos?**

Y es que –según un estudio realizado por Gitte Lindgaard de la Universidad de Carleton y publicado en la revista *Nature* bajo el título «Web users judge sites in the blink of an eye»–[1] en tan solo 50 ms (una veintésima parte de un segundo) parece que los usuarios pueden tener una primera impresión de la página web que visitan. Esa primera impresión será crucial para que el usuario decida quedarse en nuestro sitio. En este sentido, Malcolm Gladwell, en su libro *Blink: The Power of Thinking Without Thinking,*[2] nos habla de la importancia de nuestro inconsciente y de nuestra inteligencia más intuitiva e inmediata para tomar todo tipo de decisiones con un simple abrir y cerrar de ojos. Según Gladwell, nos bastará un solo vistazo para percibir ideas complejas sobre las personas o cosas que analizamos. Y lo más sorprendente de todo es que en la mayoría de veces las personas no solemos equivocarnos.

Por lo tanto, podemos esperar que **en estos primeros pocos segundos –en un abrir y cerrar de ojos– sea donde nos juguemos gran parte de los resultados que obtenemos en la red.** Conseguir el posicionamiento ideal será la clave para que el usuario nos dé una primera oportunidad y se muestre predispuesto a prestar mayor atención a aquello que queremos contarle.

Pero, ¿qué entendemos por posicionamiento de marca en la red? Entendemos aquella percepción mental que un usuario o cliente que visita nuestra presencia *online* se configura gracias a ella. Es importante saber dónde debemos situarnos exactamente en ese espacio mental del usuario para que entienda que somos nosotros lo que está buscando. Y además, que lo haga en un abrir y cerrar de ojos. Porque **la primera impresión es**

la que cuenta y será la clave para iniciar cualquier relación con nuestros usuarios.

Pero ¿cómo lograr ese posicionamiento ideal?

Hemos visto ya cuán importante es que comuniquemos con rapidez al usuario cuál es el beneficio que le prometemos a cambio de acceder a nuestros servicios o contenidos en la página web. Y lo tenemos que hacer de forma breve y clara, entendiendo cuán importante es dedicarle espacio –especialmente en nuestras páginas de inicio– a la verbalización de nuestra propuesta de valor. La tecnología –con el uso de simples *cookies*– está de nuestra parte al permitirnos poder trabajar con diferentes páginas de inicio en función de si quien nos visita lo hace por primera vez, segunda o es ya cliente habitual nuestro. Ello nos permitirá trabajar mejor la manera de transmitir nuestro posicionamiento (especialmente en usuarios nuevos).

Flickr (www.flickr.com) –aplicación estrella de la Web 2.0 para compartir y almacenar fotos– desde sus inicios siempre supo cuán importante era explicar su propuesta de valor desde su página de inicio. Con un destacado «Comparte fotos. Conoce el mundo», Flickr consigue explicarnos de una manera más sencilla qué podemos hacer en su sitio como usuarios.

Existen **varios casos en los que podríamos prescindir de explicar nuestra propuesta de valor** con la suficiente contundencia:

1. Nuestra **marca es sumamente conocida.** Para las grandes marcas que ya se encuentran bien posicionadas en la mente del consumidor, el esfuerzo para reiterar su mensaje es claramente mucho menor.
2. La **experiencia que ofrecemos ya explica por sí misma nuestra propuesta de valor.** Por ejemplo, en una agencia de viajes *online* como Terminal A o Atrapalo, el mismo buscador de vuelos expresará perfectamente cuál es su negocio y su propuesta de valor.
3. **No tenemos competencia alguna** y todo el mundo debe acabar pasando en algún momento por nosotros. Determinados servicios –por muy mal planteados o presentados que estén como el pago de impuestos *online*– nunca merecerán un esfuerzo comunicativo excesivo para conseguir maximizar sus ratios de conversión.
4. **Nuestros precios son absolutamente increíbles.** Cuando la ventaja en precio es increíble –como sucede muchas veces en compañías aéreas de bajo coste como Ryanair, Easyjet o Gol– la necesidad de transmitir un posicionamiento potente se hace claramente menos necesaria.

No obstante, incluso en tales casos, deberíamos preguntarnos si existen determinados atributos de marca que queremos reforzar y transmitir en todo momento en nuestra presencia *online*. La página web puede jugar un papel importante como vehículo desde el cual argumentar de forma contundente ese atributo que queremos construir en la mente de nuestros consumidores y clientes.

Para PERSUADIR en mayúsculas debemos tener claro –como nos recuerda Mark Joyner en *The Irresistible Offer: How to Sell Your Product or Service in 3 Seconds or Less*–[3] cómo debemos presentar nuestra oferta de manera que nadie pueda resistirse a ella. Joyner afirma que muchas iniciativas no desbordan precisamente por no tener una propuesta absolutamente irresistible en un mundo saturado de ofertas y donde el tiempo de nuestros potenciales clientes es el recurso más escaso de la tierra.

De ahí, según el autor, la importancia de **crear propuestas directas que «en menos de 3 segundos» consigan comunicar su ROI –retorno de la inversión– para nuestro cliente de una manera tan clara, sencilla y creíble** que no aceptarla sería completamente incomprensible. Nuestra propuesta de valor –más allá de que sea fácil de entender y recordar– debe transmitir lo que el usuario obtendrá a cambio con una mayor credibilidad.

Y para ello, debemos pensar siempre desde la necesidad que tiene el usuario cuando decide visitar nuestras páginas web y argumentar por qué somos la mejor solución que dé respuesta a esa necesidad, explicitando dónde estará el cliente una vez que se haya decidido por nosotros.

Así, por ejemplo, Monster (www.monster.com) –el portal de empleo de referencia– no solo dedica un espacio muy importante de su página de inicio para explicarnos por qué Monster, sino que además desde su mismo tagline «Your calling is calling» («Tu nueva vida espera», en el sitio español) nos transmite que son «el mejor lugar para empezar a hacer tus sueños realidad. Empieza a buscar trabajo ahora, y descubre tu nueva vida profesional».

Un error que cometemos –una y otra vez– es comunicar nuestra propuesta de valor desde nuestro punto de vista sin tener en cuenta los problemas que consiguen resolver nuestros productos o servicios, ni pensar en los beneficios que suponen para nuestros usuarios. El reto para presentar una buena propuesta de valor es hacerlo **atendiendo sobre todo a las necesidades del usuario y cómo responden nuestros productos y servicios a ellas (en clave de beneficio).**

Debemos explicar a quién nos dirigimos y hacerlo de una manera que hagamos sentir a nuestros usuarios especiales.

The Ladders (www.theladders.com), empresa de reclutamiento en empleos top, nos explica su propuesta de valor de una manera muy seductora: «Set yourself Apart. The Premium job site created exclusively for $100k+ talent looking for $100k+ jobs». ¿Y quién no quiere sentirse diferente y tener un empleo de más de 100.000 dólares?

Son muchos los negocios cuyo principal reto no pasa tanto por cómo transmitir su propuesta de valor o nuestro posicionamiento en la red. Su gran reto es definir comunicativamente cuáles son sus ejes diferenciales y su posicionamiento deseado (sin caer en puros tópicos). El problema –muchas veces– no es *online*. Es comunicativo. Sin un importante trabajo comunicacional previo a Internet, difícilmente sabremos trasladar a la red un posicionamiento claro y contundente.

12 ejes sobre los que presentar nuestra propuesta de valor

Una vez que tenemos clara la propuesta de valor que queremos transmitir, debemos tener en cuenta los siguientes ejes para ver a través de cual nos resulta más efectivo articularla (especialmente desde nuestra página de inicio):

1. Transmitiendo toda nuestra personalidad

La afirmación «Your website is not about you. It's you» nos debe llevar a entender que –en el mundo en que vivimos– nuestra página web no es simplemente una carta de presentación de nuestra compañía. Es tan relevante nuestra presencia en Internet en lo que transmite o deja de transmitir sobre nosotros mismos que hoy en día ya no podemos permitirnos el lujo de no **comunicar y transmitir la personalidad de nuestra marca en su máxima expresión.**

Nuestra empresa puede engrandecerse o hacerse gris y poco creíble en función de lo que consigamos transmitir en nuestra página web. Internet se ha convertido ya en la ventana más importante por la que el mundo nos está mirando y analizando.

Debemos, por tanto, preguntarnos cómo conseguimos expresar y amplificar nuestra personalidad desde nuestra presencia *online*. Pero, sobre todo, hacerlo de una manera compacta y consistente en todos los puntos de contacto que tenemos con nuestros clientes.

La presencia de Pepecar.com –dedicada al alquiler de coches en España e Italia– muestra una personalidad y un planteamiento muy acorde a su propuesta de valor y al target al que se dirige (especialmente a través de su protagonista Pepe) y nos transmite un posicionamiento de marca exquisito.

La consistencia de marca se logra:

- Cumpliendo con las expectativas de la marca reflejada en el sitio desde la comunicación que hemos desarrollado en el mundo offline.
- Manteniendo a lo largo de toda la tienda una coherencia visual, un mismo estilo, color, uso de imágenes, *copys* y tonos en las llamadas a la acción.
- Logrando memorabilidad y pregnancia en toda nuestra presencia *online*.

2. Transmitiendo qué tipo de producto o servicio ofrecemos

En el libro *Homepage Usability: 50 Websites Deconstructed*, Jakob Nielsen[4] nos plantea la siguiente reflexión: «Imagínese lo frustrante que sería entrar en una tienda física y no saber inmediatamente qué productos ofrece. (...) Si su sitio no da la talla en la página de inicio, es casi imposible recuperarse».

Por tanto, es muy importante que dediquemos el espacio principal de nuestra página de inicio a mostrar nuestro producto o servicio sin complejos y sin dejar espacio alguno para la duda.

No obstante, no debemos olvidar que cada vez más son los usuarios que entran en nuestra página web desde buscadores sin pasar necesariamente por nuestra página de inicio. Nos veremos obligados a pensar cada página como landing page que contribuya a transmitir nuestra propuesta de valor de manera clara. De ello hablaremos en mayor profundidad en los próximos capítulos.

3. Simplificando los mensajes que queremos comunicar

¿Cuál es nuestra verdadera esencia? A menudo cometemos el error de llenar nuestras páginas de más y más elementos para comunicar un gran número de cosas. Pero ante tanta oferta, puede quedar diluido aquello que realmente queremos comunicar. El usuario no está preparado para recibir gran número de mensajes. Por eso debemos ser específicos en lo que le comunicamos.

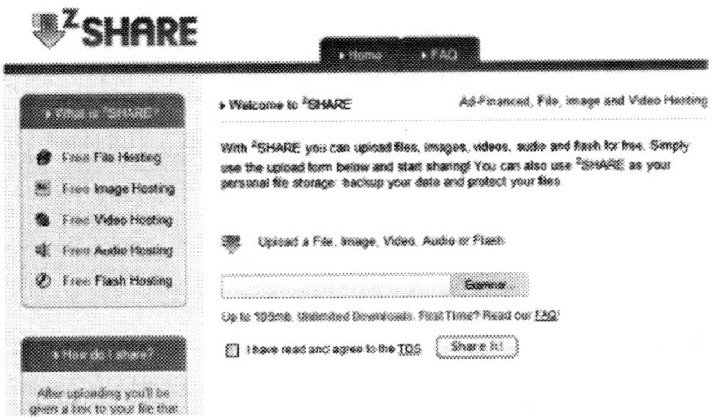

En zShare (www.zshare.net), nos dejan muy claro el servicio de alojamiento o *hosting* gratuito que nos ofrecen para todo tipo de archivos o documentos simplificando al extremo los mensajes y las acciones que podemos realizar en todo el sitio: subir nuestro primer archivo.

En Internet, menos es también más. Debemos hacer entender a nuestras respectivas organizaciones que solo conseguimos aturdir y confundir a nuestros usuarios cuando intentamos que todos los departamentos tengan la oportunidad de comunicar algo desde nuestras páginas de inicio. Este aspecto es claramente revelador en el negocio bancario donde el 90% de los usuarios no tienen ni el tiempo ni el interés de captar los múltiples mensajes que queremos transmitirles en nuestras páginas de inicio. Las visitan para entrar en sus cuentas y en esos pocos segundos (menos de los habituales) a lo sumo seremos capaces de comunicarles un mensaje que pueda ser de interés para ellos.

Una clara tendencia pasa por interiorizar el «menos es más» y lanzar mensajes y propuestas más específicas y dirigidas en función de comportamientos de uso en la Web. No es lo mismo un usuario que ya es cliente, que el que nunca se ha registrado o el que entró en nuestra página a través del Google, buscando la palabra «créditos» o «seguros». Debemos pasar definitivamente del «Todos los mensajes para todos los usuarios» al «Menos mensajes pero relevantes para cada tipo de usuario».

4. Desde las emociones que provoca nuestra página web

Las emociones juegan un papel clave en el momento de tomar una decisión. Nuestro poder de persuasión en los usuarios irá estrechamente ligado al conocimiento que tengamos sobre las emociones que los productos pueden provocar en ellos.

Pieter Desmet[5] ha creado un modelo acerca de las emociones que nos provocan los productos. Lo atractivo del modelo de Desmet –y del que puede haber algún aprendizaje en la manera de conceptualizar y diseñar nuestra presencia *online*– es el hecho que **consigue crear un marco dónde estructurar –desde la psicología cognitiva– algo tan intangible *a priori* como son las emociones.**

Para definir los tipos de emociones, Desmet sugiere que la emoción hacia un producto o un elemento en cuestión surge del tipo de valoración que hacemos de él y, a su vez, ésta está relacionada normalmente con un tipo de preocupación que nos afecta.

El esquema de Desmet puede perfectamente aplicarse a las emociones que nos transmite una determinada página web por la experiencia que ésta pueda ofrecernos.

Exportando su modelo a la Web, las tipologías de emociones que pueden generar nuestra página web pueden ser:

- **Instrumentales.** Provocadas por sitios que pueden ayudarnos a alcanzar nuestros objetivos. Según logremos nuestro objetivo o no, estas serán de satisfacción o frustración.
- **Estéticas.** Por sus características perceptibles podemos valorar los productos por el tipo de atracción que provocan en nosotros. Teniendo en cuenta si nos agrada o desagrada una página web estéticamente, nos sentiremos más o menos atraídos.

- **De interés.** Según nos parezca una propuesta de valor más estimulante o menos, las emociones que nos provocará serán de fascinación e inspiración o indiferencia.
- **Sociales.** Valoraremos una presencia en Internet de acuerdo con nuestras normas y sistemas de valores. La manera de presentarnos puede variar en función del país o cultura a la que nos dirijamos.

Debemos estar atentos para entender las emociones que la experiencia de nuestra presencia *online* genera (especialmente la manera como presentamos nuestra propuesta de valor). Tal experiencia –desde el eje de las emociones– será clave para reforzar y obtener un determinado posicionamiento. Comprobaremos en posteriores páginas del libro cuán determinantes son las emociones –por encima de las razones– en la persuabilidad de nuestras páginas web.

5. Con mensajes y taglines que orienten a la acción

Un buen *claim* o eslogan ubicado cerca de nuestro logo puede contribuir a hacer entender al usuario rápidamente nuestra propuesta de valor.

Debemos cuestionarnos si el *claim* publicitario de nuestra compañía es el que precisamos en nuestra página web, ya que buscamos aquel mensaje que transmita qué estamos ofreciendo en Internet desde nuestra presencia *online*.

Patrick Renvoisé y Christophe Morin, en su libro *Neuromarketing: Is There a «Buy Button» in the Brain? Selling to the Old Brain for Instant Success.*[6] Nos proponen las claves para conseguir que nuestros *claims* sean realmente efectivos. Debemos huir de los *claims* del tipo «Somos los líderes del mercado de…». Lo que realmente resulta impactante es diferenciarnos de la competencia y mostrar en lo que somos únicos. Para ello, una técnica efectiva es la de utilizar el **contraste entre nuestra propuesta y todas las demás.**

Debemos plantearnos dos cuestiones antes de pensar cuál es el mejor *claim* para nosotros:

- Qué es lo que aporta de nuevo nuestro producto o servicio (sea *online* o no) al mercado y qué no ofrece ningún otro producto o servicio
- Cuál es la necesidad de nuestros usuarios que resuelve nuestro producto o servicio

Terminal A se presenta como «el especialista en vuelos»; Tripadvisor dice «get the truth, then go»; Walmart, dice «Always Low Prices»; Buy.com dice «Anything. Anytime. Anywhere», YouTube escoge el lema «broadcast yourself» o la tienda de productos de diseño Bodum nos dice de manera un tanto más poética: «Give up bad design for good». Buenos taglines que posicionan bien sus respectivos proyectos.

6. Insistiendo en las ventajas de usar nuestra página web

Explicitar las ventajas de comprar *online* o hacer uso de la página web puede ser un eje para transmitir nuestra propuesta de valor. Así, por ejemplo en tiendas *online* se utilizan como *drivers* más destacados:

- La amplitud y profundidad de gama de producto (Amazon como exponente)
- Los precios (Overstock con sus «Precios más convenientes»)
- El estilo y diseño. (GAP.com como un claro referente.)
- La velocidad y comodidad. (En Buy.com nos ofrecen una excelente manera de navegar por sus productos. En el momento en que pasamos el ratón por encima de ellos, se nos abre un resumen sobre qué es lo que vamos a encontrar en la página de destino.)
- La seguridad y confianza
- Los gastos de envío gratis

7. Con un diseño gráfico atractivo

El diseño de nuestro sitio incide claramente en nuestra capacidad para comunicar la personalidad que queremos transmitir. Según Robert B.

Cialdini, en su libro *Influence: The Psychology of Persuasion,*[7] uno de los principios que marca la capacidad de persuadir de cualquier persona u objetivo de una fuente, es que guste visualmente a las personas a las que se dirige. El diseño gráfico de nuestra página web será la representación estética del atractivo de nuestra propuesta. Por tanto, será imprescindible escoger un diseño que represente nuestra personalidad a la vez que resulte atractivo para el público al que nos vamos a dirigir.

8. Contando una buena historia

Un recurso que puede servirnos para comunicar nuestra propuesta de valor de forma efectiva es «contar una historia». Las historias tienen la ventaja de que **atraen a los usuarios y se recuerdan con más facilidad** que otros tipos de mensaje. Y es que las historias pueden tener un gran poder de comunicación y nos podrán ayudar a potenciar nuestra propuesta de valor.

Pero no basta con contar cualquier historia para persuadir. Debemos contar una buena historia que sirva para comunicar aquello que nos interesa. Aunque no seamos Truman Capote ni Scott Fitzgerald, nuestras pequeñas historias pueden tener en el usuario el impacto deseado. Pero, para ello, **deben conectar con el público al que nos dirigimos**.

¿Cómo contamos una buena historia?

- Para captar la atención, debemos contar con **un buen gancho inicial**
- **Conectar emocionalmente** con el usuario: debe evocar imágenes y sensaciones que ayuden a imaginar la historia
- Es básico **implicar al usuario** con lo que estamos explicando, si no perderemos su interés inicial
- Debe ser **veraz,** si no resulta creíble no tendrá el impacto deseado
- Asegurarnos que quede **clara la propuesta de valor** que queremos trasmitir
- Un **final memorable,** hará que nuestra historia sea recordada con mayor entusiasmo

9. Desde los propios clientes

Nuestros propios clientes pueden ser un buen recurso para contar nuestra propuesta de valor de forma más que convincente. Es mucho más fuerte el impacto de las cosas que dicen nuestros propios clientes a que lo digamos nosotros mismos (siempre y cuando sean creíbles nuestros testimoniales). Debemos **escuchar a nuestros clientes para entender qué es lo que valoran de nuestro servicio**, ellos nos confirmarán si somos buenos en aquello que creemos que somos buenos. Y debemos darles visibilidad en nuestro sitio.

Directseguros (www.directseguros.com) nos presenta cada vez que accedemos a su página de inicio un testimonial desde el cual nos transmite su posicionamiento como compañía de seguros. Diego nos dice «Toda la calidad que imaginé, por menos de lo que pensaba».

10. Comparándonos con la competencia

Compararnos con nuestra competencia –siempre en el marco de la legalidad– puede ser una **herramienta útil para convencer al usuario de que somos mejores.**

La publicidad comparativa –por lo general poco utilizada– resulta ser una forma más que eficaz para que unas empresas y otras digan la verdad, y además en el pasado nos ha permitido ver algunos de los anuncios más inteligentes y creativos de la historia (entre Pepsi y Coca-Cola por ejemplo o entre marcas automovilísticas).

La ley solo nos obliga a que no sea engañosa, que compare productos que satisfagan las mismas necesidades de manera objetiva, que no dé lugar a confusión entre empresa y competidor y que no desacredite ni denigre las marcas.

En tal caso, ¿no debemos ser algo más agresivos y utilizar la publicidad comparativa para dejar claro a nuestro usuario que somos su mejor opción? Debemos ser conscientes que **en Internet la competencia está en la ventana de al lado del navegador y el usuario está más que acostumbrado a informarse** desde múltiples sitios. Realizar esta comparación en nuestro propio sitio puede ser útil para reforzar nuestros puntos fuertes y minimizar nuestros puntos débiles. Al usuario no le habrán pasado por alto.

Bancos de la talla de Bankinter –en un ejercicio de transparencia– ofrece de su página web Comparador.com la posibilidad de comparar sus productos bancarios con los de otros bancos.

11. Con una experiencia de compra única alrededor del producto

No solo porque nos ayudará a vender más, sino porque nos posicionará mejor. La compra en Internet de determinados productos cuyas experiencias de compra en el mundo offline podríamos llamar «placenteras» como la compra de libros o de ropa juegan en Internet con una limitación que debe compensarse de alguna manera. Amazon –con su *collaborative filtering* permite recomendarnos libros en función de los libros que también han comprado otras personas quienes a su vez habían comprado los mismos libros que nosotros– nos muestra cuán importante es crear esa experiencia de compra única en la red al permitirnos descubrir libros de una manera muy sutil e inteligente. No es otra que esa misma experiencia tan simple y directa –en este caso– la que posiciona a la marca Amazon como lo que actualmente es: el referente del comercio electrónico mundial.

12. Mostrando cuántas cosas suceden en tu sitio

Especialmente en páginas web de clasificados, comunidades o redes sociales –Webs tipo 2.0– nuestra capacidad por mostrar las cosas que están sucediendo en ese mismo instante nos permite demostrar el dinamismo y éxito de nuestro sitio.

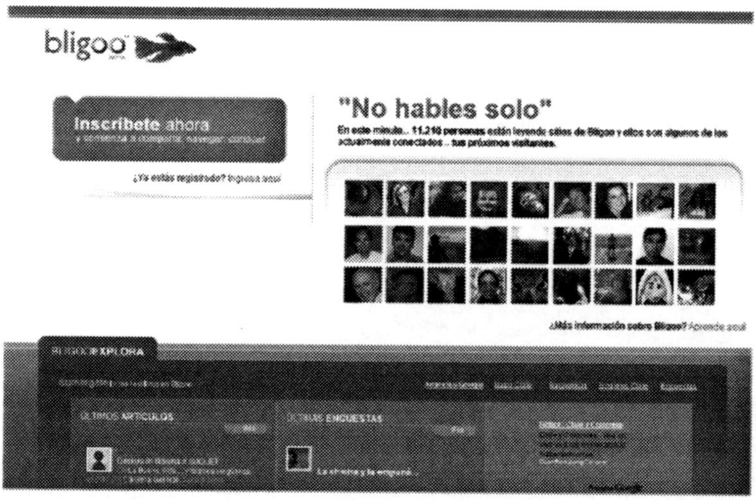

Bligoo (www.bligoo.com), plataforma y comunidad de blogueros, nos dice: «No hables solo. En este minuto... 11.210 personas están leyendo sitios de Bligoo y ellos son algunos de los actualmente conectados... tus próximos visitantes». Una manera muy potente de transmitirnos por qué debemos crear nuestro blog en su plataforma.

2

Credibilidad: el primer paso para que nos escuchen

La credibilidad es uno de los factores más estudiados en todo proceso de persuasión puesto que si no conseguimos que nuestra presencia *online* transmita confianza en nuestros usuarios, todos nuestros esfuerzos para convencerlos, caerán en saco roto.

Por «credibilidad» entendemos la cualidad de ser creíble. Se trata de un concepto percibido, es decir, no es una cualidad inherente a un objeto, persona o mensaje, sino que depende de la evaluación que cada individuo haga de ello. Aún así, no se trata de un concepto arbitrario dado que, en términos generales, todos estamos de acuerdo en lo que es creíble y lo que no lo es. La credibilidad de nuestro sitio será el resultado de la interacción entre lo que nosotros proyectemos y aquello que nuestros usuarios perciban. Si no contamos con una marca conocida, costará mucho ganarnos la credibilidad de los usuarios y resultará demasiado sencillo perderla en pocos segundos.

En cualquier caso, debemos analizar la credibilidad que perciben los usuarios de nuestro sitio desde tres puntos de vista: la confianza, la transparencia y la profesionalidad.

Construir credibilidad se antoja como imprescindible, ante la desconfianza actual que el medio internet sigue despertando en los usuarios. Según un informe de Edelman Trust Barometer, la confianza de los usuarios estadounidenses, en Internet es de un 39% y entre los europeos es de un 40%.

Algunos datos ilustran la falta de confianza actual de los usuarios en Internet:

- 9 de cada 10 usuarios estadounidenses de más de 18 años han cambiado su comportamiento en la red, por miedo al robo de datos personales
- De estos cambios, el 30% dice que ha reducido el total de su uso de la red
- Del 25% que compra *online*, el 29% han reducido sus compras
- Un 53% de los usuarios ya no facilita información personal a la red
- El 8% de los compradores usan una sola tarjeta de crédito para aquello que compran en Internet

En Internet, donde cada vez existe un número más elevado de actores y páginas web, donde no todo el mundo tiene la suerte de haber construido una marca sólida y potente, debe ser creíble ante los ojos del usuario que nos visita, y no es una opción o un deseo, sino un requisito imprescindible si lo que pretendemos es convertir.

En este contexto, según el Stanford Web Credibility Research (tras trabajar con más de 4.500 personas en varios años de investigación) existen diez consejos que nos pueden ayudar a obtener mayor credibilidad de una página web:

1. **Objetiva la información** que estás ofreciendo.
2. Muestra **cuán real es la organización que hay detrás** de tu página web.
3. Remarca toda la experiencia existente en tu organización.
4. Facilita siempre la posibilidad de **contacto.**
5. Muestra las **personas** que conforman tu organización.
6. Haz que el **diseño de tu página web se muestre profesional.**
7. Consigue que tu página web sea **fácil de utilizar.**
8. **Actualiza a menudo** tus contenidos.
9. Evita **abusar de formatos publicitarios.**
10. **Elimina cualquier error técnico** que la página web pueda producir.

No obstante, la importancia de los criterios que prevalecerán para valorar la credibilidad de un sitio variará notablemente según el grado de conocimiento que tenga el usuario sobre lo que estamos ofreciendo desde nuestra página web. Un experto en un tema muy concreto tendrá, probablemente, unos criterios distintos para evaluar la credibilidad de un sitio de un usuario que se inicia en esa materia. Así lo demuestra el estudio realizado por Consumer Webwatch, *Experts vs. Online Consumers: A comparative Credibility Study of Health and Finance Web Sites,*[8] donde se analizó la confianza y la credibilidad que merecían una serie de páginas web de salud y de finanzas a grupos de expertos y grupos de consumidores. Los resultados son muy reveladores porque evidencian claras diferencias entre las percepciones de usuarios expertos y no expertos. Los aspectos visuales como el diseño gráfico (en un 41,8%) o el diseño de información (en un 28,3%) eran muy relevantes en el usuario inexperto, para dar mayor o menor credibilidad a una presencia *online*. En cambio, para los usuarios expertos era, sin duda, el nombre y reputación de la marca (43,9%) y sus fuentes de información (25,8%), quienes conferían tal credibilidad.

Debemos ser muy conscientes de las dimensiones, antes de preguntarnos qué elementos precisamos para reforzar la credibilidad de nuestra página web.

Para ello, nos debemos formular seis preguntas:

1. ¿Quiénes somos y cuál es el punto de partida de nuestra marca o compañía en cuanto a credibilidad se refiere?
2. ¿Cuál es el conocimiento y experiencia de nuestra audiencia sobre los productos y servicios que ofrecemos?
3. ¿Cuál es el grado de conocimiento y relación de nuestra audiencia con nuestra compañía?
4. ¿Cuán relevante es la credibilidad en la compra de un producto o servicio cómo el que ofrecemos? ¿Estamos ante una decisión de compra importante?
5. ¿Cuál es el nivel de seriedad percibida por el mercado en el sector donde nos ubicamos?

6. ¿Cuáles son los elementos que condicionan la credibilidad en nuestro sector?

10 ejes sobre los que construir credibilidad y confianza

1. Tu *look&feel* habla por ti

El mismo estudio de Stanford Web Credibility Research, al que hacíamos referencia unas líneas más arriba, afirma que la batalla por la credibilidad comienza en el diseño, ya que el *look&feel* o estilo, es el concepto que más influye en la valoración de la confianza de un sitio, según el 46,1% de los individuos entrevistados.

Y es que la primera impresión es la que queda y nuestro cerebro, en décimas de segundo, posiciona una página web como muy creíble o poco creíble según el aspecto que tiene. El *look&feel* que transmita nuestro sitio deberá ser acorde con las expectativas de nuestros usuarios en nuestra marca.

En pocos instantes, la página web del candidato demócrata a la Casa Blanca, Barak Obama (www.barackobama.com), nos transmitía la credibilidad que debía tener un político que pretende llegar a la presidencia de un país. El *look&feel* –en el que predominan los colores de la bandera estadounidense– comunica de forma clara la sobriedad, seriedad y profesionalidad necesaria para que los usuarios confíen en este político y en los contenidos que van a encontrar en el sitio.

2. Muéstrate seguro

Aquellas presencias *online* que aspiran a generar algún tipo de transacción electrónica (tiendas *online*, bancos *online*, etc.) deben considerar incluir, en todas y cada una de sus páginas, elementos que refuercen la sensación de seguridad y confianza.

Para ello, será clave la inclusión de logos que nos otorguen dicha sensación de seguridad. En este sentido, un interesante estudio realizado por Hacker Safe demostró que la inclusión de su logo en múltiples tiendas, incrementó de media un 14% sus ratios de conversión (llegando a incrementar hasta un 30% el ratio de conversión, especialmente, entre los usuarios que tardan más en decidirse –más de 21 días–).

La inclusión de logos y certificaciones de seguridad resulta más efectiva si la ubicamos una vez iniciado el proceso de compra y, sobre todo, en el momento clave en el que se solicitan los datos bancarios. Al mismo tiempo, será de gran ayuda pedir tan solo los datos imprescindibles y explicar por qué se piden cada uno de los datos personales del cliente y qué usos se harán de los mismos.

También podemos mostrarnos seguros, insistiendo en las políticas de seguridad que tenemos, mediante un tratamiento especial con apartados o secciones específicas que informen:

- Qué hacemos nosotros para garantizar tu seguridad: seguridad de navegadores, comprobaciones, claves, etc.
- Qué debes hacer tú para evitar posibles fraudes.
- Consejos en casos de emergencia: robo de claves, fraude, correos electrónicos sospechosos (*phishing*), etc.

Es muy importante atender y recordar estos aspectos en aquellos momentos puntuales donde esperamos que el usuario decida y materialice la acción que esperamos que realice.

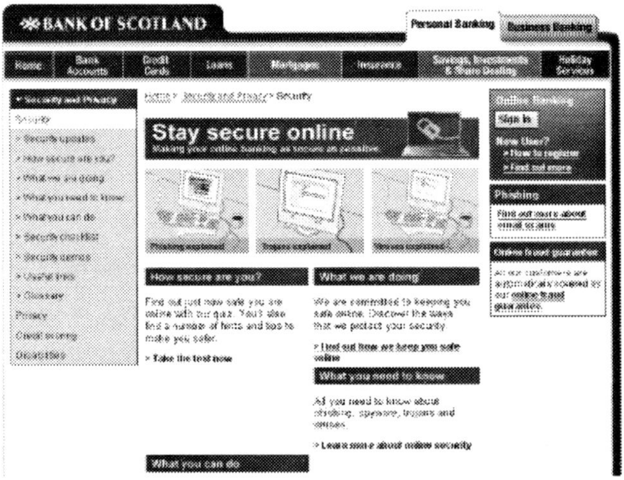

El Bank of Scotland (www.bankofscotlandhalifax.co.uk) nos ofrece un amplio abanico de información y soluciones, desde diferentes puntos de vista, para generar mayor sensación de seguridad en sus usuarios: lo que puede hacer el banco y lo que puede hacer el propio usuario.

3. Sé transparente

Aunque estadísticamente poco significativo, el estudio de Bhiru Shelat y Florian N. Egger de la Universidad Técnica de Eindhoven –en él se entrevistaron a 50 clientes de casinos *online* para saber qué aspectos incidían más en la confianza depositada en unos sitios en particular– es revelador. En porcentaje de relevancia, el aspecto más determinante (con un 34%) era, sin duda, la información que se ofrecía sobre políticas y procedimientos, seguido por la gestión de la atención a clientes (26%). A continuación se encontraban aspectos de diseño y usabilidad (con un 22%) y la predisposición *a priori* hacia la marca (18%).

Y es que los usuarios de Internet esperan transparencia en las empresas con las que se están relacionando. Por tanto, debemos empezar dando ejemplo y siendo lo más transparentes posible desde nuestras páginas web. Para conseguirlo, debemos explicar con absoluta claridad, cuál es el propósito de nuestra organización, el precio de los productos y servicios y las políticas de devolución y privacidad.

Sobre todo, hay que ser muy claros en estos aspectos en los momentos en que el usuario debe tomar su decisión de compra: el precio total de un producto (con tasas, gastos y fecha de envío), así como la letra pequeña de nuestros contratos o facturas, deben ser vistos por el usuario antes de decidirse a realizar la compra con nosotros. No podemos dejar que el usuario no tenga acceso a esta información hasta el momento en que llega al proceso de *check-out*. Debemos anticiparnos a ello.

Para conseguir trasladar la confianza interpersonal a la pantalla de la página web, también nos podrá ayudar mostrar a las personas responsables que hay detrás de un determinado proyecto. El efecto de poder ver a las personas que nos atenderán en caso de contactar con la empresa, elimina la fría barrera que puede suponer, en algunos casos, el medio *online*. En sitios de servicios, siempre que podamos, debemos mostrar imágenes reales, nombres y apellidos de las personas, así como el cargo que desempeñan. En sitios de comercio electrónico puede resultarnos de gran ayuda la creación de un defensor *online* del cliente o la inclusión de los derechos del consumidor.

4. Ofrece las máximas garantías

Para eliminar el miedo que pueda tener un usuario a probar un nuevo servicio o comprar un producto *online*, son básicas las garantías. Debemos ponernos en la piel del usuario para conocer qué elementos le darán la tranquilidad necesaria para seguir adelante con el proceso de compra. Explicar de forma muy clara las garantías que ofrece nuestro sitio, ayudará a crear la sensación de seguridad necesaria para tomar una decisión. Algunos elementos que nos ayudarán son la inclusión de políticas claras de privacidad y la garantía de funcionamiento de ciertos servicios (con la promesa de devolución del dinero en caso de que no funcionen).

En la dirección http://www.persuabilidad.com/maximasgarantias puedes consultar ejemplos de cómo ofrecer máximas garantías a nuestros usuarios y clientes.

5. Una cifra vale más que mil palabras

Argumenta tu mensaje desde los datos más que desde las palabras. Utilizar cifras contrastables ayudará a reforzar nuestro discurso para convertirlo en más creíble. Siempre que podamos, debemos mencionar las cifras que nos ayuden a reafirmar lo bueno de nuestros productos y servicios.

Decir cuántas personas lo han realizado antes, puede ayudarnos a generar seguridad. Imaginemos que estamos buscando un crédito y estamos calculando una cuota en un simulador. Un buen uso de las cifras, para conseguir dar mayor credibilidad al banco e incitarnos a la acción, podría ser: «12.347.297 personas ya han consultado su mejor cuota en nuestra página web. ¿Qué está esperando usted para probarlo?».

También puede ayudarnos decir cuánto tiempo ha pasado desde la última solicitud/compra. Seguimos con el ejemplo de la solicitud de un crédito. Imaginemos que casi lo tenemos decidido, pero dudamos de si nos lo van a dar o no. Una cifra que nos podría ayudar es el tiempo pasado –poco– desde la última solicitud: «Hace 3 minutos se ha concedido el último crédito: ¿Qué estás esperando para el tuyo?».

6. Dar sensación de control

Reducir la incertidumbre del usuario a lo largo de su navegación por nuestro sitio incidirá claramente en su predisposición para confiar en nosotros y tomar las decisiones que esperamos. Y aquí es donde una buena arquitectura de información y una exquisita usabilidad jugarán un papel clave para darle al usuario, en todo momento, una completa sensación de control; especialmente en aquellos momentos vitales donde el usuario va a tomar una decisión que lo ayude a avanzar en su proceso de compra. Las reticencias para introducir un número de tarjeta de crédito serán menores cuanto más en control se sienta el usuario para hacer y deshacer.

Será clave que analicemos qué momentos son críticos en la toma de decisiones del usuario y en qué páginas pueden producirse. Reflexionemos si el usuario tiene a mano todos aquellos elementos que precisa para tomar una decisión de compra. Serán ellos y la sensación de absoluto control los que faciliten la conversión final.

7. Demuestra que eres una autoridad sobre lo que estás hablando

Para que la gente confíe en nosotros debemos mostrar que somos una autoridad en la materia. El psicólogo Robert B. Cialdini, en su libro *Influence: The Psychology of Persuasion*,[9] nos define el principio de autoridad como un principio básico para la persuasión. Y es que la relación de los usuarios con aquellos que son percibidos como autoridades en una materia, acostumbra a ser de obediencia. Pero antes, debemos mostrar en nuestros sitios que somos una autoridad en lo que estamos hablando, especialmente en aquellas empresas de servicios basadas en un conocimiento técnico o especializado.

La publicación de artículos o estudios, así como la creación de un blog corporativo en el que se compartan conocimientos, pueden ayudar a que los usuarios nos perciban como una autoridad.

8. No lo digas solo tú: apóyate en tus clientes

Según el Eldeman Trust Barometer del 2006, la confianza de los usuarios en marcas e instituciones no deja de descender, mientras que la confianza en las personas conocidas o en aquellas que se perciben como similares, no deja de crecer.

En este sentido, el psicólogo Robert B. Cialdini, en su libro anteriormente mencionado,[10] nos habla del efecto persuasivo que la similitud social ejerce en la toma de decisiones. Dicho efecto se basa en la tendencia que tenemos, como seres sociales, a hacer lo mismo que realizan los otros miembros de la sociedad. Esto marca en muchos casos nuestras actuaciones, especialmente, cuando no sabemos qué debemos hacer.

El principio de similitud social es muy efectivo puesto que las estadísticas nos dicen que un 95% de las personas actúan por imitación, mientras que tan solo el 5%, actúan como iniciadores de una acción.

Para aumentar la efectividad de dicho principio, debemos tener en cuenta que, a mayor identificación con las personas que realizan la acción, mayor grado de imitación encontraremos. Un estudio de la Universidad de Columbia nos lo prueba: Los investigadores dejaron por las calles de Manhattan algunas carteras «extraviadas». En ellas había una cantidad muy pequeña de dinero y una carta escrita por una persona que decía haber encontrado la cartera e iba a devolverla. La idea que se buscaba transmitir era la de que otro ciudadano quería devolver la cartera, pero a su vez, la había vuelto a extraviar. La peculiaridad de las cartas se encontraba en el tono en el que se habían escrito: un tipo de cartas estaba escrita con el nivel de inglés medio de cualquier habitante de la zona, mientras que una segunda tipología estaba escrita con diferente vocabulario y algunas faltas de ortografía para indicar que la persona era extranjera. Con ello se buscaba definir el grado de similitud entre los habitantes de la ciudad. El principio de similitud funcionó puesto que en los casos en los que la identificación era mayor, se devolvieron el 70% de las carteras, mientras que en los casos en los que no había tal grado de identificación, las cifras cayeron al 33%.

Para que nuestros testimonios resulten efectivos deberemos tener en cuenta el tipo de audiencia a la que nos dirigimos y ser coherentes con nuestros mensajes. Los testimonios son un buen modo para insistir en los ejes estratégicos de nuestra empresa.

Pero, ¿cómo lograr que nuestros testimonios sean verosímiles? El uso de testimonios cuenta a menudo con el hándicap de la credibilidad, puesto que los usuarios tienen cierta tendencia a desconfiar de ellos. Algunas técnicas pueden ayudarnos a que nuestros testimonios cuenten con mayor credibilidad:

1. **Ubicación estratégica:** en su libro *Copywritting That Sells,*[11] Maria Veloso afirma que los testimonios funcionan especialmente bien en dos momentos claves:

- En la **página de inicio** puesto que el usuario todavía no se cuestiona las cosas
- En el **proceso de *check-out*** puesto que es un momento en que el usuario tiene que ir tomando pequeñas decisiones hacia el momento final de compra. El testimonio puede ser un buen refuerzo que lo vaya guiando, haciéndolo sentir seguro durante el proceso

2. **Identificación** con fotos, nombre y apellidos, etc.: los elementos que nos ayuden a conocer mejor a los personajes ayudaran también a potenciar su credibilidad.

3. **Incentivación:** Cualquier incentivo que se dé a los usuarios para realizar un testimonio dará motivo a los más escépticos para confiar en la veracidad de los mismos. El portal de contactos Parship otorga un peso importante a sus testimonios de historias de éxito de parejas que se han conocido a través del portal. Para incentivar que esta participación sea más activa, se premia a aquellos que ofrecen las mejores historias, a la vez que añade un plus de credibilidad afirmando que se encargarán de verificar todas las que reciban.

4. **Dar la posibilidad de realizar comentarios.** Si los usuarios pueden opinar directamente sobre los productos a través de los comentarios, la credibilidad de las opiniones será incuestionable. Aunque aún existen muchas reticencias a la hora de incluir esta posibilidad, cada vez encontramos más sitios de comercio electrónico en los que los propios clientes opinan sobre los productos que se venden.
   Debemos pensar en el usuario *online* y en lo que anda buscando en la Web. Sabemos que el usuario quiere información sobre nuestros productos y cuanta más información encuentre, más fácil será que tome la decisión. Percibirá nuestra empresa como más transparente –y por tanto, más creíble– si permitimos que sean los propios usuarios los que opinen sobre lo que estamos ofreciendo. Todos los estudios lo confirman. Así, por ejemplo, según eTailing Group, en un estudio rea-

lizado entre 2.000 compradores, el 92% afirmaba que los comentarios de clientes son realmente muy útiles. Según iPerceptions y CompUSA, el 63% afirma que las probabilidades de comprar en un sitio con comentarios se incrementan de manera significativa.

Buy (www.buy.com) ofrece a sus clientes la opción de recomendar los productos con una oferta muy original: mediante la inclusión de vídeos en los que los propios clientes cuentan por qué les gusta un producto comprado en la tienda.

En la dirección http://www.persuabilidad.com/testimonialescreibles puedes consultar muchos más ejemplos de testimoniales de clientes que podríamos considerar como creíbles y efectivos.

Más allá de los testimonios, hacer visibles a nuestros clientes puede tener mucho valor, aunque no sea necesariamente en forma de opinión. Podemos utilizar como recursos:

- La cifra de clientes con los que hemos trabajado
- El logotipo de las empresas que son clientes
- Estudios que cuenten el éxito del proyecto que realizamos con ellos
- Resultados de encuestas de satisfacción

9. Preocúpate de la publicidad que contiene tu página web

Si tu presencia en Internet contempla la publicidad como fuente de ingresos, analiza si el tipo de anunciantes y el formato de publicidad que estás considerando pueden perjudicar tu credibilidad.

Por medio de un interesante estudio con 164 usuarios realizado por la Universidad de Stanford se demostró cómo puede llegar a influir el tipo de publicidad en el grado de confianza que inspiran los contenidos que aparecen a su lado. El experimento consistió en hacer que los usuarios leyeran un mismo texto de una página web con dos tipos de anuncios distintos, para saber cuál de los dos les generaba mayor confianza. La mitad de usuarios pudieron leer el texto con publicidad de Lexus, una marca de coches de alto nivel. La otra mitad con publicidad de casinos *online*. Los resultados no dan margen de duda posible: la fiabilidad del artículo con la publicidad de los casinos obtenía un 3,6 sobre 10 de media, mientras que la fiabilidad del artículo con publicidad de Lexus alcanzaba el 7,6 sobre 10.

Por tanto, debemos ser muy cuidadosos con los contenidos publicitarios que incluimos en nuestro sitio, puesto que éstos contextualizan nuestra propuesta persuasiva.

10. No descuides aspectos básicos de tu página web

A menudo el día a día de nuestra empresa nos lleva a descuidar aspectos básicos de nuestro sitio que pueden restar credibilidad a nuestra propuesta. No contaremos con la confianza del público si no seguimos los siguientes consejos a rajatabla:

- **Revisa los errores de tu web.** Revisa y elimina cualquier error que pueda haber en tu página web: links muertos, buscadores que no generan ningún tipo de resultados, javascripts que no se ejecutan, etc.

- **Muestra orgulloso que cumples con todos los requisitos de seguridad.** Explica de manera clara y contundente que cumples con todos los requisitos básicos de seguridad (certificados, sistemas seguros, etc.). Serán una condición *sine qua non* de la credibilidad deseada

- **Dale vida a tu página web: actualízala a menudo.** La credibilidad cae en picado cuando advertimos que la última noticia es de hace medio año. Preocúpate de que pasen continuamente cosas en tu página web. Ello será clara señal de que hay gente detrás que cree en tu sitio… el usuario lo percibirá y aumentará la confianza en nosotros

3

Arquitectura de la persuasión: insuflando marketing a la arquitectura de la información

De usabilidad y arquitectura de la información se ha escrito mucho desde que Richard Wurman acuñara el concepto en 1976, muchos años antes de que se inventara la Internet comercial que conocemos hoy en día. Como disciplina, la arquitectura de información es la disciplina responsable de la organización y etiquetado de los contenidos de una página web, así como de la optimización de los mecanismos de recuperación de la información: sistemas de navegación, sistemas de búsqueda y estrategia de links. A través de ella, nos aseguramos que los usuarios puedan acceder de manera efectiva a todos los niveles de información de los que disponemos en nuestra presencia *online*.

Desde la persuabilidad creemos que la arquitectura de la información como disciplina se queda coja en aquellas presencias *online* donde el objetivo pasa por invitar, animar, empujar, seducir o persuadir a un usuario y convertirlo en cliente. Es vital para eliminar obstáculos y facilitarle al usuario claramente el camino, pero por sí misma no es capaz de crear el *momentum* y deseo necesario para maximizar las posibilidades de convertir.

En estos casos, conseguir que el usuario pueda acceder de manera clara y sencilla a nuestros productos, servicios o contenidos es necesario –en la mayoría de casos, imprescindible– pero no suficiente. Debemos conseguir insuflarle nuestro mejor instinto comercial y de marketing para conseguir crear experiencias de uso persuasivas. Desde el momento en que el usuario llega a nuestro sitio, debemos entender sus motivaciones para transmitirle que se encuentra en el lugar adecuado así como para hacerlo fluir de forma natural por las diferentes páginas convenciéndole –página a página– que no hay alternativa mejor que comprar nuestro producto o servicio y que el mejor momento para hacerlo es «ahora mismo».

La unión de la arquitectura de la información y el arte de vender o persuadir nos permite obtener como resultado un diseño de presencias *online* orientado desde el usuario y enfocado a maximizar nuestros resultados. Seducir y captar el interés, desarrollar y ampliar una relación más cercana entre marca y usuario e invitar a cerrar el proceso serán tres pasos sobre los que deberemos debatir antes de plantear y diseñar la experiencia de uso de nuestra página web.

Tres preguntas básicas deberemos responder antes de plantear nuestra experiencia de navegación:

1. ¿Cuáles son las acciones que esperamos que realicen nuestros usuarios?
2. ¿Qué necesitan nuestros usuarios para ejecutar tales acciones?
3. ¿Cómo podemos maximizar nuestras posibilidades de persuadirlos a materializar esas acciones?

La primera norma que debemos tener presente es que **cada página cuente con un objetivo claro y que todos los elementos de la misma estén en consonancia para conseguir dicho objetivo.** El proceso de persuabilidad en una página web está compuesto por la suma de estos microobjetivos que encontramos en cada página y que –uno tras otro– nos permiten alcanzar el objetivo final: la conversión. Desde nuestra página inicial, hasta la finalización de la solicitud de compra o el envío de un formulario, encontramos una serie de pasos en los que debemos trabajar, para ver cómo facilitamos al usuario el ir de un clic a otro hasta finalmente convertirlo.

La conceptualización de presencias *online* debemos hacerla desde distintos escenarios y usuarios reales; de esta manera se responderá qué espera hacer el usuario desde la mirada de la utilidad o propósito que le prestará el sitio. Así, por ejemplo, la presencia de un banco *online* debe estructurarse desde la (*a priori*) motivación que tengan sus usuarios por buscar determinada información de productos o servicios financieros o por realizar determinadas transacciones. El propósito de la presencia será informarse y contratar *online* marcando una pauta para la estructuración de las categorías principales de manera tal que sea intuitivo para el usuario encontrar el camino para llegar a lo que busca o para materializar una determinada tarea. La propuesta de valor responderá en este caso a entregar valor a los usuarios mejorando su experiencia, percepción de marca y experiencia de uso, intentando alcanzar un nivel de familiaridad con el sitio que le permita resolver sin mayor esfuerzo un proceso de solicitud o información.

Nuestra estructuración de contenidos –el árbol de contenidos, el primer nivel de navegación, las subcategorías o los subniveles– no solo debe responder a los modelos mentales de los usuarios. Debe atender también a sus necesidades, sus intenciones y los umbrales de toma de decisión que mejor influyan en la acción a materializar. Tenemos que ser capaces de plantearnos –como veremos más adelante– maneras de categorizar nuestros productos de una forma más persuasiva con propuestas del tipo: «Solo por hoy. Decide ahora», «Propuestas para estas Navidades» o «Los productos mejor valorados».

Otro aspecto clave en nuestra arquitectura será la fluidez con la que consigamos que nuestros usuarios naveguen por nuestro sitio. Debemos –para ello– anticiparnos a los siguientes pasos que dará el usuario y con la suficiente inteligencia sugerirle rutas de conversión más cercanas al objetivo, por lo que tendremos que irle proponiendo pequeños incentivos que lo estimulen a seguir avanzando en el proceso de la manera más fluida posible.

Algunas consideraciones que se deben tener presentes pensando en la linealidad y fluidez de nuestro sitio:

- **Evitar sobresaturar los flujos** con elementos que restan claridad a la información que espera el usuario en cada página y que puedan desviarle de su objetivo final.
- **Dejar muy claro al usuario en qué etapa está** y cuál es el próximo paso que debe dar.
- **Ofrecer una salida clara** que permita al usuario acercarse más a la conversión. Cuántas veces hemos navegado por páginas de productos que al final de las mismas y después de haber hecho suficiente scroll no encontramos llamada alguna a comprarlo directamente.
- Conseguir **darle el máximo control al usuario** sobre su navegación, informándole adecuadamente lo que está comprando antes de confirmar su petición o pedido.
- Pensar cómo conseguimos que los usuarios que se desvían de su ruta de conversión **puedan volver rápidamente.**
- **Minimizar los pasos** que el usuario debe realizar hasta el *check-out* final.

Más allá de la fluidez en la navegación de nuestro sitio, es importante incidir y mucho en cuatro aspectos clave de nuestra arquitectura:

- ¿Cómo plantear nuestro buscador interno?
- ¿Cómo facilitar el acceso a nuestros productos o servicios?
- ¿Cómo visualizar nuestras fichas de producto?
- ¿Cómo diseñar nuestro proceso de *check-out*?

Sobre cómo plantear nuestro buscador interno

Son cada vez más los usuarios que usan el buscador interno como recurso para llegar cuanto antes a los contenidos del sitio. Al menos, eso es lo que dice el estudio de Júpiter Research que muestra que la funcionalidad más valorada en tiendas *online* es, sin duda, la posibilidad de hacer búsquedas avanzadas (permitiendo filtros, ordenaciones de resultados, etc.).

El buscador actúa como un vendedor para aquellos usuarios que saben perfectamente lo que están buscando o bien, tienen una idea bastante clara. Para ellos, el buscador será el camino más rápido para llegar cuanto antes al producto deseado. Por tanto, el buscador tiene que entender de psicología del usuario y actuar como un vendedor inteligente y proactivo que siempre tiene la solución a sus demandas.

Sin embargo, el experto en usabilidad Jared M. Spool, advierte de las deficiencias de los buscadores actuales: «Como término medio, el uso de los buscadores internos en una página web, puede reducir a la mitad las probabilidades de que el usuario encuentre lo que estaba buscando».

La experiencia nos muestra que el buscador interno es el gran olvidado de Internet. Solo debemos navegar por algunas de las principales tiendas online del mundo, para ver qué poco nos ayuda a encontrar lo que estamos buscando.

¿Qué necesita un buen buscador para convertir?

- Debe ser **rápido, relevante y fiable.** Para lograrlo, debemos tener la agilidad suficiente como para actualizar nuestro buscador, casi en tiempo real en función de las búsquedas de los usuarios; así como aprender del comportamiento de los usuarios, para dar mayor visibilidad a un producto u otro (en función del *click-through* o los ratios de conversión que genera una palabra determinada).
- Debe **estar ubicado en un lugar visible y fijo de cada página,** a ser posible, en la parte superior debajo del menú de navegación con una caja de búsqueda que permita introducir alrededor de unos 25 caracteres.
- Los resultados de búsqueda deben **seguir las líneas maestras de los principales buscadores** (no inventemos la rueda) y debe mostrar lo que el usuario necesita en orden de relevancia.
- Debe permitir búsquedas compuestas.
- Debe ayudar a **corregir errores ortográficos, acentos y proponer sinónimos**.
- Debe **poderse personalizar la ordenación de los resultados:** por precio, disponibilidad, marca, etc.
- Debe **poderse personalizar el formato de presentación de resultados:** por lista, por imágenes, en detalle, resumido, etc.

- Debe **sugerir términos de búsqueda** al usuario, mientras éste escribe en el campo de búsqueda.
- Debe **sugerir alternativas si no existe resultado.**
- Debería estar **provisto de un buscador avanzado por características** y, en último extremo, debería complementarse con configuradores que permitan orientar al usuario sobre el mejor producto según sus necesidades.
- Por último, **debería recordarnos automáticamente a los responsables de Internet a qué búsquedas no ha sabido responder,** cuál ha sido la lógica de comportamiento para las principales búsquedas y cómo podemos dar relevancia a determinados productos (por ejemplo, últimos modelos o productos en promoción).

En la dirección http://www.persuabilidad.com/buscadoresefectivos puedes ver una relación de buscadores 'comercialmente' inteligentes y efectivos.

Sobre cómo facilitar el acceso a nuestros productos y servicios

Son múltiples las posibilidades que tenemos para presentar nuestros productos o servicios desde los escaparates que suponen nuestras páginas de inicio y las páginas interiores. En cualquier caso, el primer consejo que debemos tener presente es el que Barry Schwartz –en su libro *The Paradox of Choice*–[12] nos da al advertirnos de los peligros que supone ofrecer demasiados productos para que el usuario escoja. Aunque la lógica nos puede hacer presuponer que cuanta más oferta de productos haya, más opciones hay para que el usuario encuentre aquello que está buscando, Schwartz nos demuestra que esto no es cierto. Ante un amplio abanico de posibilidades, el usuario tiende a colapsarse y a no tomar ningún tipo de decisión.

Para demostrar esta premisa, se realizó el siguiente estudio: en una tienda para gourmets se ofrecían descuentos por la compra de mermeladas. En el caso en el que se ofrecía a los clientes probar como máximo 6 mermeladas, el 30% de personas acababan comprando. Se realizó la misma prueba aumentando la variedad hasta 24 y, en estos casos, tan solo el 3% de las personas compraron. La explicación que da Schwartz a este fenómeno es que cuantas más alternativas damos a los usuarios, mayor es la percepción que tienen de poder equivocarse. Y este hecho, por supuesto, les frena en su decisión de compra.

Esto nos tiene que hacer reflexionar sobre la inconveniencia de saturar nuestras páginas de inicio con la más amplia variedad de producto o contenido, sin ningún tipo de filtro previo. Las clasificaciones de los productos por «recomendados», «ofertas» o «los más vendidos», ayudarán al usuario a sentirse más seguro en nuestra página para realizar el siguiente clic y encontrar aquello que pueda interesarle.

10 ejes sobre cómo facilitar el acceso a los productos:

1. Desde las necesidades de los usuarios

Por activa y por pasiva se habla de la importancia de orientar, cada vez más, nuestros discursos comerciales desde las necesidades de los clientes (y menos, desde nosotros mismos o nuestros productos).

¿Quién quiere una hipoteca? ¿Una broca? ¿O una página web? Probablemente nadie. Los usuarios quieren comprarse una casa, colgar un cuadro o bien vender en Internet. Pensar en cuáles son las necesidades con las que llegan los usuarios a nuestro sitio y cómo podemos satisfacerlas, ayudará a que ellos accedan a nuestros productos de forma natural.

2. Desde los diferentes perfiles de usuarios

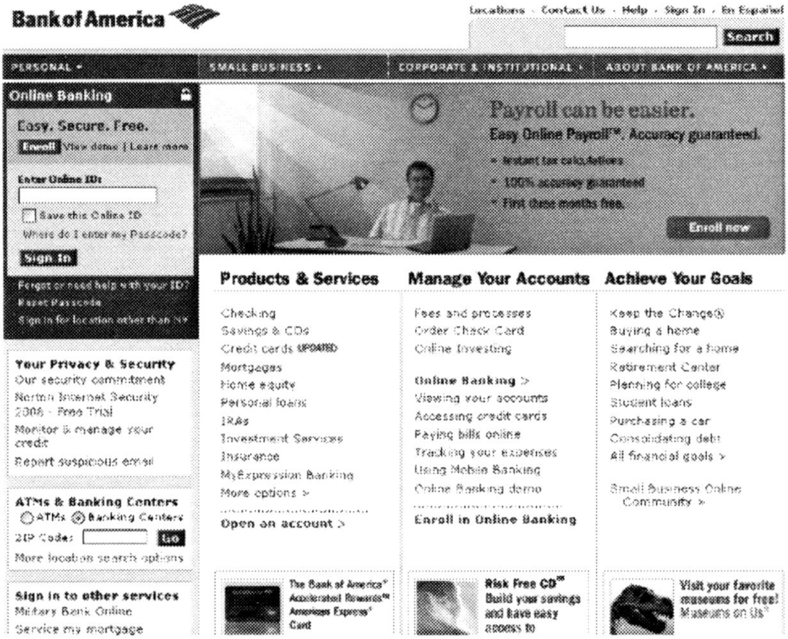

La página de inicio de Bank of America (www.bankofamerica.com) representa un buen ejemplo de categorización de productos en función de situaciones específicas en las que más de uno puede reconocerse. Comprarse una casa, ir a la universidad o comprarse un coche, resultan objetivos claros que los usuarios quieren conseguir a través de los productos del banco: hipotecas y préstamos.

¿Qué tipología de usuarios van a llegar a nuestra página web? ¿Tenemos diferentes discursos y ofertas para ellos? Debemos tener en cuenta los perfiles de usuarios o segmentos de mercado que llegarán a nuestro sitio, para atenderlos como es debido y adecuar nuestro discurso a un público específico, puesto que los discursos generales tienen poca fuerza. No es lo mismo atender a un particular que a una empresa, a un cliente que a un no cliente o a un usuario experto que a otro que no lo es.

Diferenciar claramente los diferentes perfiles que van a llegar a nuestro sitio y reflexionar sobre sus necesidades de contenido a la hora de tomar una decisión de compra o contratación será básico para poder adecuar un espacio para cada uno de ellos con discursos diferenciados.

El sitio del broker *online* Ahorro.com (www.ahorro.com) entiende las diferencias entre sus potenciales clientes, en función de si son inversores en bolsa o fondos, traders activos, inversores inexpertos o empresas. Todos ellos cuentan con necesidades de productos y procesos de decisión de contratación distintos y, por tanto, son tratados de manera diferenciada ya desde la misma página de inicio con segmentación de públicos y con un discurso comercial adaptado a cada uno de ellos.

3. Desde la personalidad de nuestros usuarios

Orientar a nuestros usuarios a descubrir y conocer algunos de nuestros productos tomando como base su personalidad, nos parece una buena idea para proponer el acceso a los mismos, especialmente, en negocios que trabajan con muchísimas referencias. La venta de teléfonos móviles, ropa o zapatos permiten sugerir claramente los productos en función de si nuestro estilo es casual, deportivo o ejecutivo.

4. Desde los usos que se pueden hacer de los productos

Algunos usuarios llegan a nuestro sitio con una idea muy clara del uso que van a hacer de nuestros productos o servicios, pero aún no tienen claro cuál es el producto que les encaja exactamente para ello. A estos usuarios les ayudará encontrar una navegación planteada desde los diferentes usos que se pueden hacer de nuestros productos. Una vez más, debemos ponernos en la piel del usuario para averiguar cuál es el uso que querrá hacer de nuestros productos. Para ello, la creación de personajes y arquetipos nos resultarán imprescindibles puesto que nos permitirán detectar las necesidades de información, los frenos y recelos de los diferentes arquetipos que visitan nuestro sitio, así como los caminos que escogen para llegar a nuestros productos y servicios.

El concepto de «arquetipo» (en inglés *archetype*) fue ideado por Alan Cooper para modelar tipologías de usuarios con patrones de conducta, objetivos y necesidades homogéneos. Para el desarrollo de un arquetipo creamos un personaje con nombre y apellidos y añadimos una descripción del mismo, sus necesidades de información, los motivos que le llevan a visitar nuestra página web y posibles comportamientos de uso que hacen de nuestra web.

Los arquetipos nos sirven para descubrir los obstáculos potenciales a la conversión a los que se van a enfrentar nuestros usuarios y nos ayudan a pensar qué elementos pueden hacer clic en sus cerebros para tomar una decisión de compra o contratación a nuestro favor.

En este sentido, Target –uno de los minoristas más importantes de los Estados Unidos– atiende a un arquetipo que visita su tienda para comprar un regalo. Y lo hace de una manera sumamente original ya que nos recomienda productos que podemos regalar cuando debemos pedir perdón, dar las gracias o simplemente animar a un amigo enfermo para que se recupere pronto.

5. Desde las ofertas

Las ofertas siempre son un buen reclamo para aquellas personas que se mueven por el impulso de encontrar el mejor precio para un producto. En Internet, las ofertas adquieren especial relevancia, puesto que las cifras nos indican que la mayoría de usuarios de Internet están buscando los mejores precios. Según un estudio de Pew Internet & American Life Project sobre hábitos de compra *online*, un 62% de los compradores entre 18 y 29 años afirman que Internet es el mejor lugar para encontrar gangas. Aunque esta cifra desciende al 52% entre los usuario de 30 a 49 años, debemos tener en cuenta esta gran demanda para destacar desde la página de inicio nuestras ofertas y mejores precios.

Para la mayoría de usuarios, llegar a un sitio donde se les permite visualizar sin complejos las ofertas que se les propone, aumentará la sensación de que se encuentran en un lugar sumamente competitivo.

6. Desde los productos más solicitados

El principio de similitud social definido por Robert B. Cialdini –del que ya hemos hablado anteriormente –incide en el proceso de identificación que sentimos como miembros de una sociedad– ante los demás individuos. Desde este punto de vista, aquellas acciones que realizan la mayoría de los miembros de una sociedad, serán más que válidas para el resto.

Por tanto, un listado de los productos o servicios más solicitados, siempre supondrá un buen punto de acceso a los mismos. Resulta útil para aquellos usuarios que han llegado sin tener una idea muy clara de lo que están buscando y sin ser expertos en nuestros productos. A estos nuevos usuarios, conocer lo que otras personas han comprado en mayor medida, les ayudará a eliminar el miedo a equivocarse y a sentir que pueden escoger un buen producto.

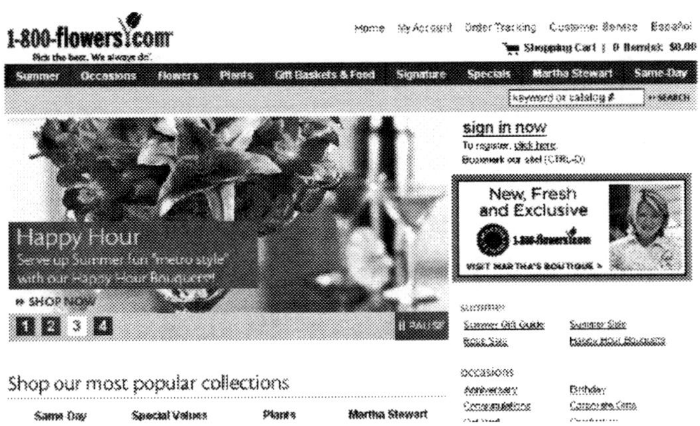

El sitio de venta de ramos de flores *online* (www.1800flowers.com) entiende que hay un gran número de usuarios no expertos en flores, pero que quieren sorprender a alguien con un regalo. Para ellos, la opción de conocer las colecciones más populares les dará seguridad en realizar una buena compra sin equivocarse.

7. Desde los productos recomendados

Al igual que los productos más solicitados, los productos recomendados también serán un buen punto de acceso para aquellos usuarios que tienen menos claro qué es lo que están buscando. Cuando no sabemos exactamente qué queremos, tendemos a preguntar a nuestros amigos y conocidos o bien a informarnos sobre la opinión de los expertos. El acceso mediante productos recomendados –tanto por profesionales como por otros usuarios– crea una referencia a tener en cuenta a la hora de empezar un proceso de información y conseguir el primer clic hacia la conversión.

Conocer el comportamiento de los usuarios en nuestro sitio –o bien de usuarios con perfiles semejantes– en el momento de realizar recomendaciones personalizadas de productos, nos ayudará a acotar mejor nuestras sugerencias y tener más probabilidades de acertar. Una técnica que nos puede resultar provechosa es el Behavioral Targeting, mediante el cual podemos conocer el comportamiento de un usuario basándonos en su navegación a través de un sitio. Conocer qué contenidos interesan a un perfil de usuario, nos servirá para proponer a usuarios con perfil similar diferentes productos y ofertas que se adecuen cada vez más a aquello que más les puede gustar.

Amazon (www.amazon.com) representa probablemente el mejor ejemplo de recomendación de productos. Mediante nuestro comportamiento en el sitio y nuestro historial de compra, conocen perfectamente nuestros gustos literarios.

8. Desde la creación de paquetes o combos de productos

Algunos usuarios llegan a nuestro sitio sin tener muy claro qué van a comprar y sin ninguna necesidad específica. A estos usuarios les irá bien que les propongamos de forma proactiva nuestros productos y que éstos, sean atractivos visualmente. A través de imágenes sugerentes podemos ofrecer al usuario inspiración, para ver qué productos le pueden gustar más. Facilitaremos mucho la navegación del usuario si realizamos un empaquetado de nuestros productos, para que se puedan ver y adquirir todos juntos. Además, el hecho de agruparlos, hará que el usuario desee tener más de uno. El medio *online* puede facilitar esta compra haciéndola muy rápida e impulsiva con la sugerencia de «consigue este look con solo un clic».

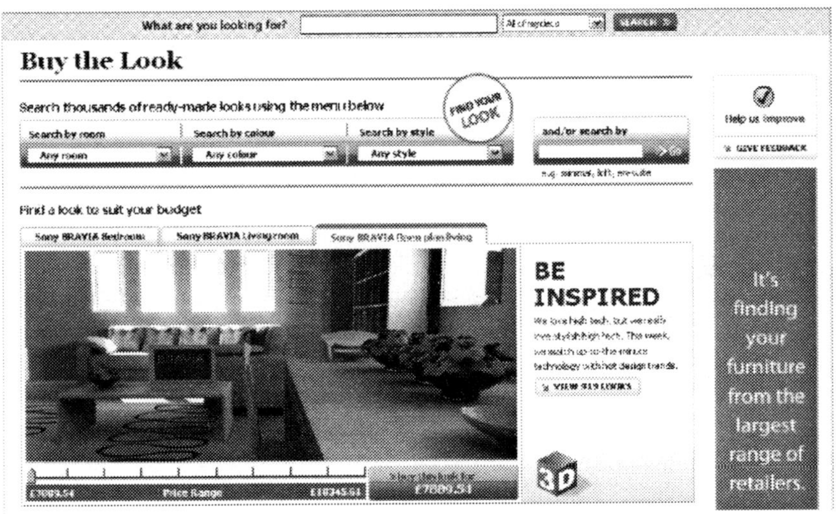

My Deco (mydeco.com), un sitio en el que se encuentran todo tipo de muebles y productos de decoración, te lo pone muy fácil, porque ofrece en una misma pantalla todas las piezas que componen la habitación propuesta. Si nos gustan, podremos haberlos comprado todos en pocos minutos.

9. Pensando en lo que el usuario más valora de nuestra oferta

¿Qué es lo que el usuario valora más de nuestra oferta? ¿Qué es lo que motiva a los usuarios a comprar en nuestro sector? Teniendo en cuenta, qué es lo que impulsa a nuestros usuarios a seguir adelante en el proceso de compra y cuáles son las cosas que los frenan, debemos crear nuestra arquitectura de la información.

Si sabemos que nuestros usuarios –y más en el medio *online*– valoran conseguir buenos precios, debemos dejar que el precio sea un destacado acceso a nuestros productos. Cada vez encontramos más sitios de entre las agencias de viajes que proponen una búsqueda de sus productos desde los precios de los mismos. El sitio de Vuelos Baratos (www.vuelosbaratos.com) tiene muy claro qué es lo que los usuarios valoran de su propuesta. Por tanto, una de las opciones de su buscador es por medio de los precios de los vuelos: ¿A dónde voy? tiene más en cuenta el precio máximo que el usuario está dispuesto a gastar, que el destino al que quiere ir.

10. Desde nuevas e imaginativas formas de acceso a los productos

Las formas de navegación más imaginativas para acceder a los productos, pueden ser un buen reclamo para iniciar el proceso de compra. Estas formas de acceso a los productos siempre deben acompañar a las formas clásicas y estar enfocadas a ayudar al usuario a llegar a los productos de una forma intuitiva.

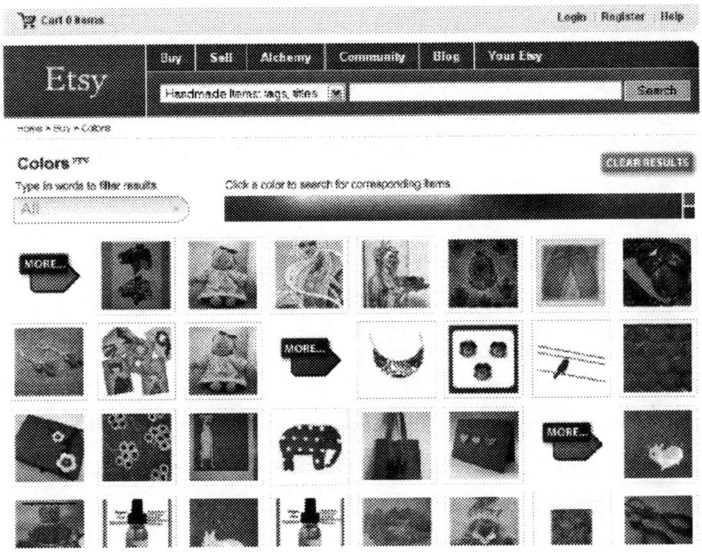

Etsy (www.etsy.com) , tienda de productos artesanales, nos ofrece un modo original para acceder a los productos: una navegación desde los colores. A través del color que elegimos, nos muestran su oferta en todo tipo de productos.

Sobre cómo visualizar nuestras fichas de producto

La visualización de las fichas de productos merece por nuestra parte una atención especial, ya que de ella depende nuestra capacidad de persuadir a los usuarios, para que incluyan un producto en su carrito de compra.

Son muchos los usuarios que no van más allá de las fichas de productos, porque no consiguen obtener rápidamente respuestas a sus consultas más elementales: ¿Cuál es el precio total que deberé pagar por el producto? ¿En cuántos días dispondré del producto? ¿Es compatible con otros productos que ya tengo de la misma marca?

Toda ficha de producto deberá contener aquellos elementos que nos permitan responder a dichas consultas e inviten claramente al cliente a comprar el producto (sin dejarnos nada importante, pero sin sobrecargarla con demasiada información visualmente mal planteada).

12 elementos que debe tener presente toda ficha de producto:

1. **Dejar claro el producto que se está vendiendo: nombre, imagen descriptiva y explicación, clara y completa, del mismo** (siempre mejor desde las ventajas que desde las características y trabajando el lado más emocional del producto, con un lenguaje cercano y empático. Tampoco debemos olvidar facilitar la información más técnica o de detalle para aquellos usuarios que precisan profundizar más en el conocimiento del producto para realizar su compra).
2. Utilizar **imágenes descriptivas y grandes del producto y, a ser posible, desde diferentes ángulos o puntos de vista.**
3. Incluir **elementos multimedia** que ayuden al usuario a «imaginar» el producto: vídeo, demo, etcétera.
4. Mostrar el producto **desde sus diferentes usos.**
5. Mostrar con total claridad **precio y gastos de envío.**
6. Incluir **valoraciones de otros usuarios** sobre el producto, permitiendo, en cualquier caso, **registrar comentarios** sobre el mismo.
7. Incluir **valoraciones de expertos.**
8. Permitir al usuario "**experimentar el producto**" (probador virtual, realizar *zoom*, cambiar el color, ver índice y primeras páginas...).
9. Permitir la **personalización** de determinados productos.
10. Permitir la **comparación con otros productos** (tanto entre nuestros productos como con los productos de la competencia para resaltar las ventajas de aquello que ofrecemos).
11. **Contextualizar** lanzamientos o productos nuevos.
12. Mostrar **productos o categorías relacionadas.**

Algunos aspectos vitales sobre la visualización de la ficha de productos:

- **Hagamos que nuestros textos tengan una legibilidad óptima.** Son demasiadas las fichas de productos que no cuentan con una legibilidad razonable de los textos que invite a consultar las diferentes características de los mismos. La legibilidad debe ser óptima –como veremos en el capítulos sobre *copys*–, para invitar a los usuarios a leer cómodamente nuestros textos.

- **Estructuremos con claridad los múltiples contenidos.**
  No debemos tener miedo a plantear fichas de producto extensas que precisen de scroll. Nuestra máxima preocupación debe ser la estructuración de una ficha de producto en la que los diferentes contenidos que la forman estén bien articulados, dotando a la ficha de la máxima limpieza visual y claridad.
  Para ello, debemos maximizar la linealidad del proceso y considerar la repetición de nuestras llamadas a la acción siempre que sea preciso y necesario.

- **Ofrezcamos buenas y variadas imágenes de nuestros productos.**
  Las personas somos especialmente sensibles a los estímulos visuales. Así que una buena imagen, valdrá más que mil palabras: su impacto será mayor y tendremos más capacidad para recordarla. El atractivo de nuestros productos pasará por una buena visualización de los mismos en las fichas de productos. Dar la posibilidad de visualizar fotos más grandes, (significativamente más grandes) en diferentes resoluciones para respetar diferentes anchos de banda y desde diferentes ángulos, será de gran ayuda.

- **Con una clara y omnipresente visualización del precio total.**
  Ya hemos hablado con anterioridad de los estudios de Pew Internet & American Life Project que afirman que el precio es una de las primeras cosas (si no la primera) que los usuarios tendrán en cuenta antes de tomar una decisión de compra. Por tanto, el precio será lo primero que los usuarios quieren saber de un determinado producto o servicio. Su visualización debe ser clara, y también incluirá el ahorro del que podemos beneficiarnos si lo compramos a través de Internet (en caso de que exista).

Nuestra capacidad para presentar el coste total, incluyendo gastos de envío o determinados impuestos, podrá gestionar mejor las expectativas del usuario, a la vez que aumentará su confianza en nuestra empresa. Esperar hasta el final hará que muchos usuarios retrocedan en el último momento o bien, que muchos otros no lleguen a rellenar formularios o dar datos personales, para conocer el coste total del producto que están considerando. ¿Cuántas veces los usuarios colocan los productos en la cesta de la compra, estrictamente para calcular el coste total que puede representarles, sin que haya todavía una decisión de compra?

Si tenemos alguna promoción que haga que los costes de envío sean gratuitos si el pedido es superior a un determinado valor, busquemos también la manera de dejarlo bien claro en la misma ficha de producto.

La dificultad de encontrar los precios de nuestros productos o servicios generará serias dudas en nuestros usuarios. Solo en determinados servicios o productos de gran complejidad y alto valor, es recomendable preocuparnos primero de explicar bien nuestro producto, antes de mostrar su precio. En estos casos, será aconsejable dar un precio aproximado para guiar un poco al usuario –«desde 32 euros»– o bien fragmentarlo para que su aparición sea menos brusca –«por solo 6 euros al mes»– siempre haciendo una buena gestión de las expectativas de los usuarios. Los precios finales deben ser coherentes con lo que les hemos ido anunciando en todo momento.

- **La llamada a la acción debe ser contundente.**

  En tiendas *online*, el botón de añadir el producto al carrito de la compra o la invitación a la contratación del producto o servicio debe estar visualmente muy destacada del resto de los contenidos. Además no puede dejar lugar a dudas y debe indicar cuál es la acción que realmente realizará el usuario al pinchar el botón o la llamada a la acción: «Añadir el producto al carrito de la compra».

  En la dirección http://www.persuabilidad.com/fichasdeproductopersuasivas puedes ver una relación de fichas de productos sumamente persuasivas.

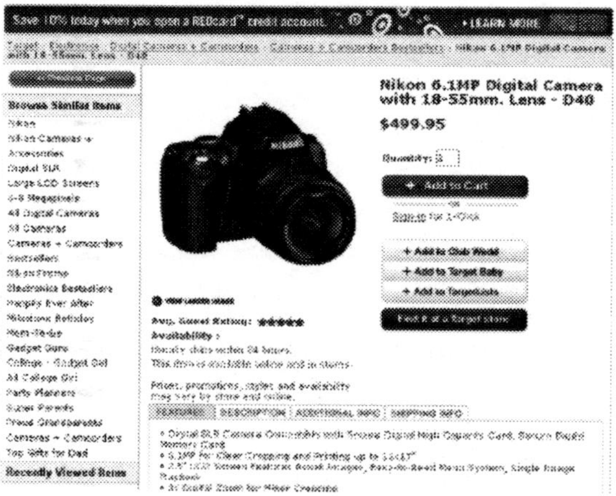

La ficha de producto del minorista norteamericano Target (www.target.com) nos ofrece un buen ejemplo de jerarquización de la información. En un primer vistazo, nos encontramos con una exquisita visualización de textos, imágenes y llamadas a la acción (con prioridad a lo más importante que es la compra *online*). Y si hacemos scroll o navegamos por las pestañas, nos encontraremos con más información del producto y elementos de venta cruzada.

Sobre cómo diseñar nuestro proceso de *check-out*

Una vez que los usuarios han tomado su decisión de compra, no debemos permitir que abandonen nuestra página por culpa de procesos de *check-out* mal planteados. En nuestra experiencia profesional hemos podido intercambiar opiniones con diferentes responsables de Internet sobre el problema que supone los elevados ratios de abandono que se producen desde el momento en que los usuarios ponen algunos productos en el carrito de la compra. ¡En algunos casos llega hasta el 80%! Y según el índice de la empresa de métricas Fireclick, el ratio de abandono del carrito de la compra se sitúa cerca del 73%.

Aunque las cifras son muy elevadas, no deben asustarnos, puesto que reflejan un hábito en el comportamiento de nuestros usuarios que consiste en visitar el carrito de la compra para conocer el precio total al que asciende un determinado pedido.

Para empezar puede sernos de gran ayuda entender la diferencia que establece Avinash Kaushik entre los conceptos de ratio de abandono del sitio, ratio de abandono del carrito de la compra y ratio de abandono del proceso de *check-out*.

Ratio de abandono del sitio: porcentaje de usuarios que pese haber introducido productos en el carrito de la compra, no terminan materializando el pedido.

Este ratio lo podemos segmentar en dos ratios más:

- **Ratio de abandono del carrito de la compra:** porcentaje de usuarios que, pese haber introducido productos en el carrito de la compra, no inician el proceso de *check-out*
- **Ratio de abandono del proceso de *check-out*:** porcentaje de usuarios que, a pesar de haber iniciado el proceso de *check-out*, no terminan materializando el pedido

Entender y medir estos ratios es significativo pues nos describen realidades distintas: el ratio de abandono del carrito, nos habla de usuarios que no han decidido todavía realizar una compra, mientras que el ratio de abandono del proceso de *check-out*, nos habla de usuarios que, a pesar de haber tomado la decisión, no la materializan. Obviamente, este segundo ratio es el que debería acercarse a 0.

¿Los motivos? Son múltiples según el estudio realizado hace un par de años por Forrester Research. Entre ellos destacan: en un 57%, no querer pagar los gastos de envío, en un 48%, que el coste total asciende a más dinero del que se creía inicialmente y en un 41%, que el uso del carro de compra era solo para informarse.

25 claves para crear un proceso de *check-out* imposible de abandonar:

1. Debe ser **ágil y fluido**.
2. Debe **indicar el momento del proceso en el que estamos**, así como mostrar el paso siguiente que vamos a dar, para transmitir la sensación de absoluto control y seguridad.
3. Debe tener una **ayuda clara y permanente**.
4. Debe **quedar claro el producto que se está comprando** y permitir su visualización en todo momento.

5. Debe **quedar claro el coste total** incluido el transporte, así como la disponibilidad del producto. Si es de los últimos que quedan o si no hay ningún problema de stock es un punto clave para que el consumidor perciba una total transparencia.
6. Debe permitir **definir la urgencia del envío**. Es importante dar alternativas al usuario, para que éste tenga un mayor control sobre el proceso y le permita elegir desde el horario de entrega preferido a la urgencia del envío y, en función de esta, los costes asociados.
7. Sin interrumpir la compra de otros productos, debe tener siempre la opción de **«continuar comprando»**.
8. Debe permitir **añadir/editar, fácilmente, el contenido** en el carrito de la compra. Es un indicador más de la importancia que tiene para el consumidor, sentir que tiene el control sobre el proceso y que puede moverse por él con cierta libertad. También debe ser fácil agregar productos relacionados, accesorios, etc.
9. Debe ofrecer las **máximas opciones de pago** posibles.
10. Debe permitir **comprar sin necesidad de registrarse** hasta el último momento. A pesar de que en el mundo real ningún vendedor pide los datos al comprador antes de que este haya realizado la compra, el mundo *online* sigue fomentando algunos vicios como éste. El usuario debe poder comprar y, si lo desea, registrarse, pero una vez haya finalizado su compra y de manera implícita en el proceso de compra.
11. Debe dar la opción de **grabar la compra para retomarla más tarde**; iniciar el proceso de *check-out*, interrumpirlo en cualquier momento y retomarlo sin pérdidas de la información introducida.
12. Debe dar siempre la opción de **realizar fácilmente el pedido a través del teléfono**.
13. Debe **solicitar, lo antes posible, los datos de contacto** –correo electrónico y teléfono– y enviar automáticamente un correo electrónico –durante los siguientes 60 minutos– en caso de que se haya abandonado el proceso, preguntando al cliente qué problema ha podido tener y si le podemos ayudar a materializar el pedido. Si disponemos del teléfono, puede ser una buena excusa para hablar directamente con el cliente.

14. El proceso de compra no es momento idóneo para preguntar al usuario los detalles de su vida. Los formularios deben **solicitar única y exclusivamente los datos imprescindibles para validar la compra**. Muchas veces un exceso de datos puede implicar el abandono del proceso de *check-out*.
15. Debe dejar **claras las políticas de devolución** y lo fácil que es devolver el producto.
16. Debe mostrar claramente nuestra **preocupación por la seguridad y la privacidad de los datos** de nuestros clientes.
17. Debe posibilitar **hablar vía chat con algún vendedor o con alguien del departamento de atención al cliente** (desde la misma página de *check-out*).
18. Debe mostrar la información que los usuarios necesitan conocer: costes de transporte del pedido (o en su defecto, una estimación), disponibilidad en stock del producto...
19. Debe contemplar **opciones de financiación** como el típico «Bill me later», que podemos apreciar cada vez en más sitios anglosajones.
20. Debe **optimizar la velocidad de descarga** de esas páginas.
21. Debe considerar ofrecer el **transporte gratuito** cuando el pedido sea superior a un importe concreto.
22. Debe **visualizar las llamadas a la acción**, para que el usuario fluya fácilmente durante todo el proceso de *check-out*.
23. Debe **evitar los errores más habituales al rellenar un formulario** de *check-out*, ofreciendo ayudas contextuales e instrucciones que ayuden al usuario a no cometerlos. ¿Cuántas veces nos obligan a registrarnos cuando el ID que proponemos, una y otra vez, ya nos lo han solicitado?
24. Debe **reducir el número de pasos** para materializar el *check-out*.
25. Debe considerar que se abra automáticamente una ventana –cuando hayan pasado varios minutos de inactividad por parte del usuario en una determinada página del *check-out*– que **ofrezca un descuento del X%, si el usuario materializa la compra inmediatamente**.

En la dirección http://www.persuabilidad.com/checkoutpotentes puedes ver ejemplos de procesos de *check-out* muy bien pensados y efectivos.

4

Contenidos y funcionalidades clave para convertir

Sin duda, los contenidos y las funcionalidades son –en muchos casos– los elementos centrales que justifican que nuestros usuarios nos visiten y, por tanto, representan un componente vital en su toma de decisiones.

Por tanto, antes de empezar a plantear como deben estar reflejados los contenidos debemos hacer una doble reflexión:

- ¿Cuáles son los contenidos que los usuarios esperan encontrar en nuestra página de inicio?
- ¿Cuáles son los contenidos que nosotros queremos transmitir?

Gerry McGovern, en su libro *Killer Web Content: Make the Sale, Deliver the Service, Build the Brand,*[13] nos advierte de la importancia de cuidar los contenidos de nuestro sitio pensando en aquello que interesa a los usuarios. En un estudio realizado en uno de los mayores sitios de Internet –del que no nos facilita el nombre–, los resultados mostraron que el 99% de los usuarios solo visitaban el mismo 1% del contenido mientras que un 35% de los contenidos nunca eran consultados. Conocer a la perfección –y las métricas nos ayudarán– cuáles son los contenidos que interesan a los usuarios y encontrar el engranaje de estos con aquello que a nosotros nos interesa comunicar y transmitir será vital para no trabajar en balde.

No obstante, debemos diferenciar los contenidos de aquellos servicios o funcionalidades que pueden facilitar el contacto o incluso la conversión.

- Por contenido entendemos textos, imágenes, sonidos, vídeos o animaciones
- Por funcionalidad, entendemos cualquier desarrollo que permita un determinado nivel de interacción con el usuario. Nos referimos a buscadores, simuladores, calculadoras, *wizards* o configuradores que pueden ayudarnos a presentar y *cotizar* nuestros productos y servicios

Tanto los contenidos como las funcionalidades deberán ayudar a escoger el producto o servicio en cuestión, convertirlo en deseable y vencer cualquier freno que el usuario pueda tener ante nuestra propuesta de valor.

Andrew Chak, en su libro *Submit Now*,[14] nos ofrece una división de los usuarios según el estadio en que se encuentran ante la decisión de compra. Dependiendo de ese estadio, sus necesidades de contenidos serán unas u otras. Podemos dividir a los usuarios en cuatro tipologías diferentes:

1. **Usuarios que no saben exactamente lo que quieren**, pero tienen una necesidad detectada.
2. **Usuarios que saben lo que quieren** y están buscando más información para tomar la decisión.
3. **Usuarios predispuestos a comprar** que necesitan un último impulso.
4. Clientes.

En el momento de plantear los contenidos y funcionalidades de nuestro sitio, debemos tener en cuenta las diferentes tipologías de usuarios y ofrecerles aquello que necesitan en cada estadio de su decisión de compra o de solicitud de servicios.

8 ejes para persuadir a un usuario con nuestros contenidos:

1. ¿Tu primera vez? Te lo contamos con toda la claridad posible

Entender que probablemente habrá muchos usuarios que nunca antes han solicitado nuestro producto o servicio será básico para simplificar nuestro discurso y convertirlo en más didáctico. Un cliente que no entiende lo que le estamos ofreciendo es un cliente lleno de dudas y que simplemente no va a comprar.

Debemos ponernos en la piel de aquellos usuarios que no tienen experiencia en contratar nuestros servicios *online*. Por ejemplo, la solicitud de un primer crédito o la realización de una primera apuesta *online*. Esto nos llevará a plantear nuevas rutas mucho más elementales y básicas en nuestro sitio: «¿Tu primer crédito? Te explicamos todo lo que debes saber» o «Tu primera apuesta: nunca ha sido tan fácil».

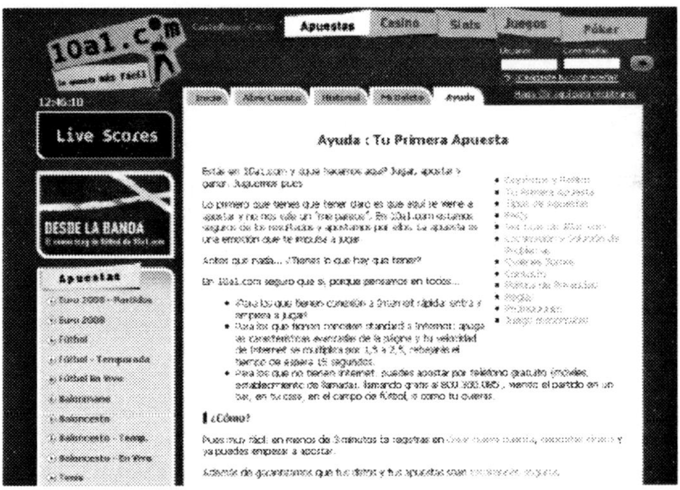

10a1 (www.10a1.com), web española de apuestas *online*, dedica un espacio para contarles a aquellos que no conocen el servicio cómo hacer su primera apuesta. Con un tono muy ameno y didáctico, informan a los usuarios sobre cómo funciona el servicio, a la vez que eliminan los posibles frenos que puedan existir *a priori*, insistiendo en temas como la confidencialidad y la seguridad de las apuestas *online*.

2. Sé muy pedagógico cuando sea necesario

En productos o servicios muy nuevos, innovadores o tecnológicos, el ejercicio de crear contenidos que ayudan a comprenderlos de manera pedagógica puede marcar la diferencia para que el usuario se decida a probarlos. Si además les permitimos realizar una prueba –de modo fácil y gratuito– de estos productos, venceremos los miedos y reticencias que la novedad pueda suscitar.

Por ejemplo, para el lanzamiento de nuevos productos como pueden ser los mensajes multimedia, la compañía telefónica Orange lanzó un *minisite* muy pedagógico, dirigido a la gente que no está acostumbrada a utilizar este tipo de servicios. La imagen de una abuela en una Harley junto al *claim*: «Try!» y la posibilidad de probar y descargar toda una serie de servicios para el móvil ayuda a que los usuarios pierdan el miedo y sientan curiosidad por probarlo.

3. Diles por qué elegirte a ti (por muy obvio que sea)

Cuando el usuario entra en nuestra web, puede preguntarse por qué elegirnos a nosotros en lugar de a nuestra competencia. Tenemos que adelantarnos a esta duda planteando nosotros directamente en nuestra página de inicio la pregunta: «¿Por qué con nosotros?». Nuestra respuesta debe ser suficientemente convincente para que no le quepa ninguna duda de que somos los mejores: «Porque todas son ventajas: sale más barato, es muy fácil, etc.», enumerando un máximo de 5 ventajas. Por muy obvio que resulte, el usuario agradecerá que explicitemos los motivos por los cuales debe optar por nosotros.

4. Una imagen vale más que mil palabras

Aunque resulta obvia la importancia del uso de las imágenes en nuestros sitios, aún encontramos muchas propuestas en las que aparecen imágenes poco atractivas de los productos que se ofrecen. Sabemos que los usuarios adquieren nuestros productos llevados por las emociones y nada mejor que mostrar imágenes atractivas de los mismos, suficientemente grandes y desde diferentes ángulos, para que el usuario empiece a imaginarlos… y a desearlos.

Para los servicios, en los que no podemos mostrar productos tangibles, el uso de imágenes evocadoras resultará un recurso útil para resaltar el atractivo de nuestra propuesta. En cambio, en la comercialización de productos, las imágenes desde diferentes ángulos y en 3D serán de gran ayuda.

Para mostrarnos el atractivo de sus habitaciones, los hoteles de Miami, The Standard (www.standardhotel.com) utilizan el poder de las imágenes sugerentes. Mediante la realización de un tour virtual, el usuario podrá imaginar cómo será su estancia en el hotel y desear estar allí.

5. El vídeo, el formato estrella en internet

El éxito de YouTube ha supuesto el colofón del formato estrella en Internet: el vídeo. Según un estudio publicado por Emarketer, en el año 2006 un 62,8% de usuarios *online* consumían vídeos, una cifra nada desdeñable que va en aumento, puesto que la previsión de crecimiento nos lleva hasta un 86,6% para el año 2011. Y es que la gente cada vez lee menos, y en Internet esta tendencia se acrecienta por la dificultad de lectura en pantalla. Por lo tanto, el vídeo resultará el formato más persuasivo en el medio *online*, puesto que el poder de la imagen es mucho mayor que el de las palabras escritas.

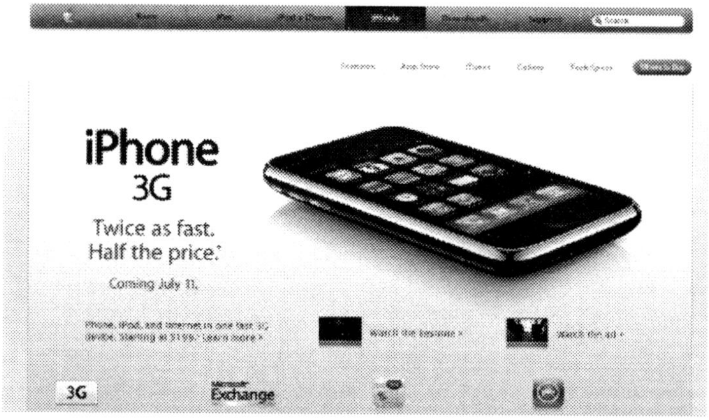

Apple (www.apple.com) utiliza cada vez más los contenidos audiovisuales para vender sus productos *online*. En el caso del lanzamiento de un nuevo producto como es el iPhone, incluyen un vídeo de la espectacular presentación con la que nos deleitó Steve Jobs, la posibilidad de visualizar el anuncio de televisión y un gran número de imágenes del aparato desde diferentes ángulos.

En la dirección http://www.persuabilidad.com/videosefectivos puedes ver más ejemplos de vídeos comercialmente potentes y sumamente persuasivos.

6. Proporciona tanta información como consideres necesaria

No debemos tener miedo a mostrar mucha información del producto o servicio. Aunque debemos tener en cuenta el principio de menos es más, debemos dosificar nuestro contenido en diferentes niveles de información. En un primer nivel debemos dar la información básica, aquella que se puede consultar en un par de minutos. Esta es la que actúa de *gancho* para generar curiosidad en el usuario; en un segundo o tercer nivel podemos (y debemos) llegar a poner tanta información como nos sea posible. No de cualquier forma, pero sí mostrando las múltiples caras y detalles de nuestro producto o servicio. Algunos usuarios agradecerán poder consultar toda la información detallada del producto antes de solicitarlo.

7. Avánzale cuanto antes todo lo que va a necesitar

Debemos plantearnos qué información necesita el usuario en cada momento para tomar su decisión de compra, de modo que podamos anticiparnos y comunicársela antes de que la eche de menos. Si el usuario no encuentra la información que necesita para seguir adelante, paralizará el proceso y perderemos una venta.

Un lujo que no nos podemos permitir es tener un usuario convencido de comprar un producto en nuestra página web y en el momento del *check-out* informarle que el producto no está en stock o que ese modelo ya no se comercializa. La información sobre el envío (gastos, tiempo de entrega, devoluciones, etc.) también debe encontrarse de forma evidente antes de la realización del pedido.

El minorista estadounidense Walmart (www.walmart.com) nos anticipa la disponibilidad y tiempo de entrega de sus productos dentro de la ficha de producto, una información muy valiosa para la toma de decisión de compra del usuario.

8. La ayuda... siempre en el momento necesario

Y aunque hayamos hecho bien nuestro trabajo y el usuario se muestre interesado por nuestro producto, puede ser que en cualquier momento le surjan dudas. Hay que pensar muy bien cómo las resolvemos en cada momento. Estamos muy acostumbrados en las fichas de producto a incluir enlaces como «imprimir», «enviar a un amigo», etc., pero ayudar a resolver las dudas de forma correcta es una asignatura pendiente en muchas páginas web. En las fichas de producto debemos acostumbrarnos a incluir la pregunta: «¿Tienes dudas?». en esa misma página. Esta simple cuestión impedirá que perdamos a un usuario en medio del proceso de compra. Sobre todo, si podemos ofrecer una respuesta inmediata (mediante un chat *online*), un servicio de *click-to-call* o bien una buena respuesta por correo electrónico en un plazo de menos de 24 horas.

Según un reciente estudio de Forrester Consulting bajo el título de *The Total Economic Impact™ of LivePerson Third-Generation Chat Solution*,[15] añadir una solución de chat *online* resulta muy útil para el incremento de las ventas puesto que puede ayudar con las dudas de última hora que supondrían el abandono del sitio, a la vez que otorga confianza a los usuarios al percibir que hay una persona dispuesta a ayudarlos. La inclusión de un chat supone un incremento del 120% del ROI de un sitio. Podemos ir un paso más allá y proponerle al usuario ayuda mediante un chat que aparece de forma proactiva en aquellos casos en que los usuarios llevan demasiado tiempo parados en una página determinada. Según el citado estudio, en estos casos el aumento del ROI puede llegar hasta el 305%.

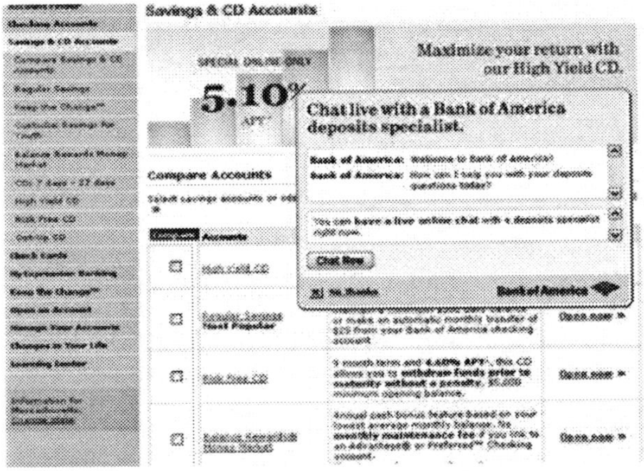

Bank of America (www.bankofamerica.com) mediante un chat proactivo, nos propone ser atendidos por un especialista de depósitos cuando llevamos ya algunos segundos detenidos en su comparador de depósitos.

10 funcionalidades que nos ayudarán a vender más

Son muchas las funcionalidades o aplicaciones que nos permitirán persuadir a nuestros usuarios en mayor medida. Aquí ofrecemos una selección de algunas de las más interesantes:

1. Selector de productos

Ante una gran variedad de productos de los que el usuario no es un experto, la duda que le asalta es: «¿Cuál es el mejor para mí?». El miedo a equivocarse de producto y la pereza a consultar todos, uno a uno, para ver cuál es el mejor para él puede incrementar las posibilidades de que el usuario abandone nuestra página web.

Seamos proactivos en proponer nosotros la solución al usuario. Mediante un selector de producto de uso fácil e intuitivo, el usuario podrá acercarse de modo natural a nuestros productos hasta encontrar el que más se adecua a él. Tan solo tenemos que formularle las preguntas pertinentes –aquellas que realizaría nuestro vendedor o comercial– para que el discurso de venta del producto sea lo más natural y fluido posible.

2. Guías interactivas

Otra buena fórmula para ayudar a escoger el mejor producto a los usuarios que no conocen bien nuestra oferta pasa por incorporar en nuestra página web una especie de guía interactiva o configurador. Este nos permitirá –mediante unas simples preguntas– sugerir a los usuarios los productos que mejor encajen según sus necesidades.

Para crear una buena guía interactiva, lo mejor es ponernos en la piel de los vendedores de nuestros productos en cualquiera de nuestras tiendas y conocer qué preguntas elementales se hacen los clientes para escoger entre nuestra oferta. La guía deberá proponer un recorrido por estas preguntas para acabar sugiriendo el producto oportuno.

Las guías interactivas del minorista estadounidense Buy (www.buy.com) nos ofrecen un buen ejemplo de ponerse en la piel del vendedor para ayudarnos a escoger el producto más adecuado para nosotros. Mediante preguntas personales sobre qué tipo de comprador somos o cuestiones más específicas sobre nuestras necesidades ante el producto, van acotando los productos, cada vez más, hasta llegar de forma natural hasta aquello que estamos buscando.

3. Simuladores y calculadoras

A menudo, algunos productos –como pueden ser los bancarios– resultan más difíciles de hacer tangibles para el potencial cliente. Cuando este quiere contratar, por ejemplo, un producto de ahorro, lo que necesita saber realmente –más que porcentajes y plazos– es cuánto dinero puede ganar exactamente.

Mediante simuladores y calculadoras, el usuario podrá hacerse una idea muy real de los beneficios o costes del producto que va a adquirir.

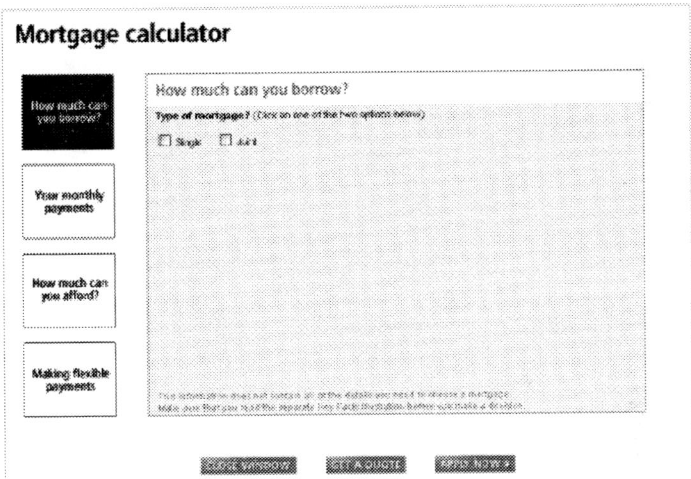

El banco ING (www.ing.co.uk) en el Reino Unido ofrece diferentes formas de calcular el precio de la hipoteca mediante sencillos e intuitivos calculadores.

4. Configurador de producto

La posibilidad de visualizar un determinado producto con las especificaciones concretas que nos parezcan más interesantes nos permite ayudar al cliente a imaginar el producto final que desea comprar con pocos clics. Si damos al usuario el control sobre la aplicación y le permitimos escoger diferentes características según sus gustos, este irá percibiendo el producto cada vez más como suyo y aumentará su deseo de compra.

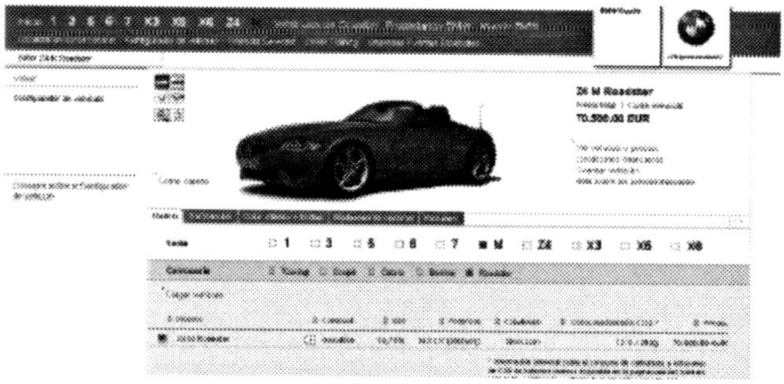

BMW (www.bmw.es) nos deleita con un configurador que nos permite ver cómo sería el coche de nuestros sueños al permitirnos seleccionar modelo, transmisión, color, equipamientos. A medida que vamos escogiendo más opciones nos acercamos más al coche que deseamos comprar.

5. Comparador de productos

A menudo puede resultar difícil para el usuario diferenciar de forma clara un producto de otro similar. Si disponemos en nuestra oferta de diferentes productos con similares características, la mejor solución para que el usuario escoja bien puede ser mediante comparadores. A través de uno ellos, podremos escoger múltiples productos, y con una buena visualización de sus respectivas comparativas, entender mejor las diferencias entre ellos.

El sistema de comparación de Dell (www.dell.com) es un muy buen ejemplo de buena visualización a la hora de comparar muchos de sus dispositivos o PC.

6. Mis *wishlist* o favoritos

A menudo, los usuarios que visitan nuestro sitio, encuentran un producto que les parece interesante pero aún no están preparados para tomar su decisión de compra. En determinadas tiendas *online*, disponer de la opción de *wishlist* o Mis Favoritos puede ser de gran ayuda, ya que permite posponer la decisión de compra y tener un buen vehículo para reencontrar el producto que estábamos considerando.

Vinculada a esta funcionalidad, también es recomendable añadir el mayor número de opciones para facilitar la compra posterior y generar movimiento del contenido (envíalo a un amigo, hazla pública, etc.).

7. Demo

Para aquellos productos y servicios más novedosos, es aconsejable incorporar una demo que explique su funcionamiento. Estas son muy útiles para vencer, sobre todo, los frenos de usuarios menos acostumbrados a operar por Internet, puesto que insisten en la facilidad de realizar dichas operaciones.

8. El probador virtual

El probador virtual es el mejor modo de trasladar la experiencia de compra offline de un producto al mundo *online*. Mediante modelos que los usuarios pueden personalizar cada vez en mayor medida (altura, peso, color de pelo, peinado, etc.), el usuario puede empezar a hacerse una idea de cómo le van a quedar las piezas de ropa elegidas. Y de eso a querer comprarlas, solo hay un paso.

Para comprar ropa, las emociones son básicas: si creas experiencia alrededor del producto, la necesidad de tenerlo va a aumentar. H&M (www.hm.com) lo sabe muy bien, y por eso ofrece a sus usuarios la posibilidad de crear un personaje virtual adecuado al máximo a su persona física: altura, peso, color de pelo, peinado, color de ojos, etc. A su personaje le podrá probar algunos de los productos de la marca y ver el resultado desde distintas posiciones.

9. El vendedor virtual

El medio Internet puede llegar a ser muy frío, y por tanto, debemos buscar la manera de humanizar la venta *online*, creando la figura del vendedor. El vendedor *online* puede aparecer de manera implícita o explícita. En algunas propuestas resulta interesante crear uno virtual con un avatar e incluso incluir un vídeo. Los vendedores *online* que resultan más efectivos son los que no se limitan a introducirnos la venta, sino que nos guían hacia el producto que nosotros queremos mediante un simulador o configurador.

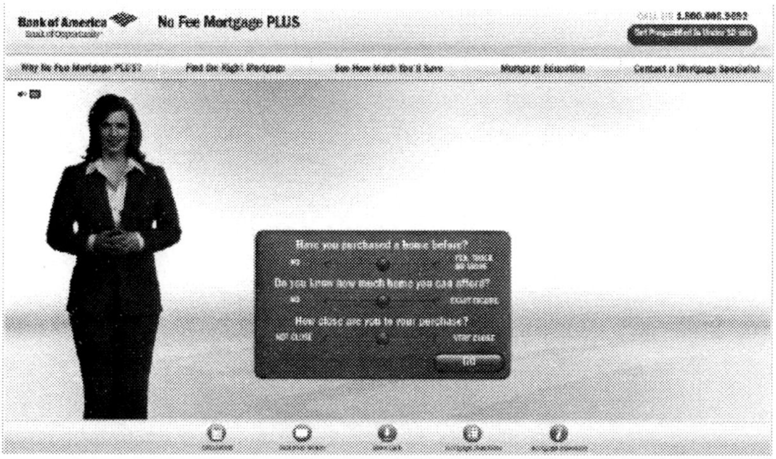

Bank of America (www.bankofamerica.com) nos ofrece un buen uso de la incorporación de la figura del vendedor *online* en su sitio de hipotecas. El vídeo de la vendedora nos introduce el configurador para llegar al producto del modo más intuitivo posible.

5

Copys: palabras que convencen

En el arte de conceptualizar y diseñar páginas web, escribir buenos *copys* (o textos) es probablemente la mayor carencia que podemos encontrar en la gran mayoría de presencias *online*.

Entender cómo leen nuestros usuarios, pero sobre todo, saber cómo conectar emocionalmente con nuestra audiencia con textos suficientemente envolventes y persuasivos será una de las tareas más complejas y fascinantes en la que deberemos trabajar.

Como veréis, desde la persuabilidad pondremos especial hincapié en crear buenos *copys* ya que **son las palabras que utilizamos para decir las cosas que al final conseguirán influir en gran medida en el proceso de toma de decisión** de nuestros usuarios.

Las palabras ayudan a vender. La cercanía, la empatía o la mezcla justa entre razón y emoción –aspectos imprescindibles para obtener la tan ansiada conversión– precisarán de palabras. Las justas para persuadir y convencer.

Las palabras de las que hacemos uso en nuestro sitio web condicionan también cómo nos posicionamos en buscadores (algo que está demostrando cada vez más su importancia). Además ayudan al usuario a entender que está en el sitio correcto. No es de extrañar, pues, que en la medida en que los usuarios encuentran en los textos de nuestro sitio aquellas palabras que han utilizado en el buscador desde el que nos están visitando, nuestros ratios de abandono inmediato (en inglés, la conocida métrica del bounce rate) serán claramente inferiores.

En cualquier caso, para hacer un buen *copy*, debemos tener muy claro el objetivo de nuestra presencia *online* y conocer a la perfección la audiencia a la cual nos dirigimos. **Desde ella y entendiendo el problema que va a resolver nuestro producto o servicio, debemos dejar patente –con palabras– cómo será la vida del usuario una vez que el problema esté plenamente resuelto.** Debemos ser capaces a su vez de transmitir con vitalidad y fuerza porque somos la mejor opción que el usuario tiene y explicitar claramente que esperamos que hagan dentro de nuestras llamadas a la acción.

Nuestros *copys* deben conseguir hacerle entender a nuestro lector que entendemos su problema a la perfección, pero al mismo tiempo deben combatir todas y cada una de las objeciones que nuestros potenciales clientes puedan tener respecto al producto o servicio que queramos vender. Tener bien presente cuáles son esas objeciones y entender cómo debemos dar respuesta será paso indispensable antes de escribir discurso alguno.

Antes de avanzar más, veamos algunos **elementos muy básicos –relacionados con los *copys*– que deberíamos revisar y corregir** en nuestra página web:

- Los textos cuyas primeras palabras de frase despiertan menos interés
- Los parágrafos con más de cinco líneas de texto
- Los parágrafos en columnas excesivamente anchas
- Las entraditas excesivamente separadas de los titulares, cambios de letra notorios, líneas de separación...
- Los textos cuando son precedidos de introducciones poco atractivas. Las introducciones normalmente se leen
- Los textos de parágrafos con tamaños superiores al tamaño 11 no facilitan la concentración en su lectura o los textos de tamaño demasiado pequeño pasan inadvertidos

- Los textos importantes que precisan de hacer scroll para poder ser vistos
- Los espacios publicitarios excesivamente desmarcados del resto de contenidos o con excesivos movimientos y carentes de textos. El ojo evita verlos
- Los enlaces en el mismo texto extremadamente llamativos que acaban escondiendo el resto de texto que les acompaña

Una vez revisados estos elementos básicos, entendamos sobre qué ejes debemos trabajar nuestros textos.

10 ejes antes de empezar a escribir nada

1. Escanea tus propios textos (como si fueras uno de tus usuarios)

Entender que los usuarios no leen en Internet igual que en el papel será el primer paso para que nuestro mensaje pueda llegar a ser leído. Buscar las palabras adecuadas –que puedan ser advertidas o escaneadas por nuestros usuarios en cada momento– hará el resto.

Pero, ¿en qué se fijan los usuarios cuando se encuentran delante de una página web? Los estudios de eyetracking nos aportan información interesante para plantear nuestras páginas de la manera más efectiva y entender dónde ubicar textos que pueden ser vitales. Estos estudios –basados en los movimientos de los ojos de los usuarios– nos sirven para identificar dónde colocamos la vista de los usuarios en la pantalla, qué elementos son los que obtienen más visibilidad y cuáles pueden resultar invisibles a los de los usuarios.

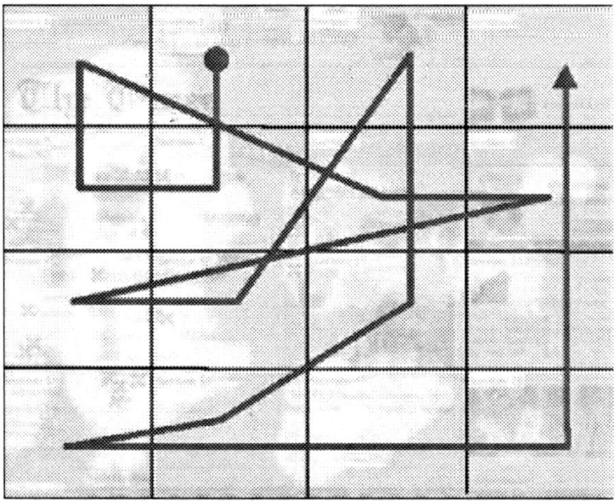

(El gráfico nos muestra cómo los usuarios leen en una pantalla de ordenador).[16]

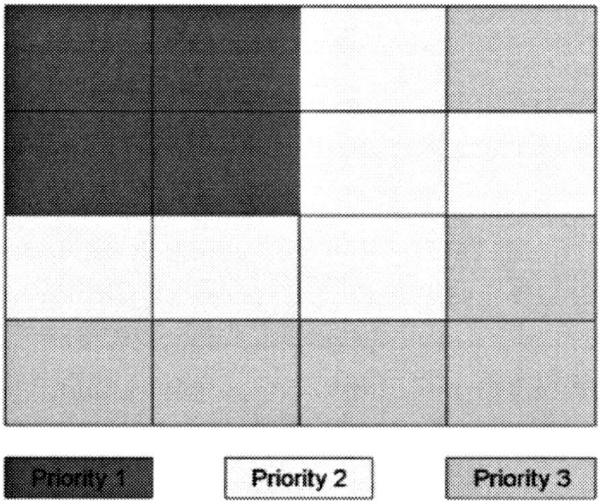

(El gráfico nos muestra las zonas frías y las zonas calientes de una pantalla).

La identificación de estas zonas calientes en las que el usuario se fija inicialmente serán la clave para situar nuestros *copys* más persuasivos, aquellos destinados a captar la atención de los usuarios, aquellos que deberán servirnos de gancho para que los usuarios no abandonen nuestro sitio antes de recibir el mensaje que queremos transmitirles.

Más allá de conocer qué elementos llaman la atención del ojo humano y cuáles son los elementos que le resultan invisibles, según los estudios realizados por Jacob Nielsen, experto en usabilidad, y su equipo, el 79% de los internautas se limitan a escanear una determinada página web rápidamente y solo se paran a leer si les interesa alguna información. Los usuarios no se paran a leer palabra por palabra la información que aparece en pantalla. En lugar de eso, **realizan vistazos rápidos para identificar aquello que les puede interesar.** Por tanto, para que nuestras palabras lleguen al usuario, deberemos jerarquizarlas en función a su importancia con títulos, subtítulos, negritas, subrayados y colores que pueden servir para orientar al usuario.

¿Cómo escribir para que nos lean? 10 trucos que no pueden fallarnos:

1. Utilizar el método de escritura de **pirámide invertida** en la que el contenido importante –las conclusiones– siempre se encuentran en primer lugar.
2. Segmentar los textos largos en **párrafos.** Cada párrafo debe contener una única idea.
3. Escribir **titulares y ladillos.**
4. Utilizar siempre **frases cortas.**
5. Seguir la siguiente estructura: **Sujeto + Verbo + Predicado.**
6. Empezar las frases con las **palabras que enganchen** *(trigger words)* a seguir con la lectura.
7. **Crear listas** para mostrar nuestros contenidos e introducir *bullets* (viñetas) o números para fijar la atención.
8. Utilizar **recursos tipográficos para destacar ideas clave:** tamaño de letra, colores, etc.
9. Escribir pensando en la manera en **cómo el usuario puede entenderlo con más facilidad.** Por ejemplo, escribe 23 en lugar de veintitrés.
10. Evitar a toda costa esto: **¡no a los errores tipográficos!**

¿Y funciona? Sí, las cifras nos lo demuestran: los estudios antes citados nos dicen que **un texto de fácil visualización convence un 47% más que uno que no lo es.** Por tanto, haz la prueba: Echa un vistazo primero a tus textos.

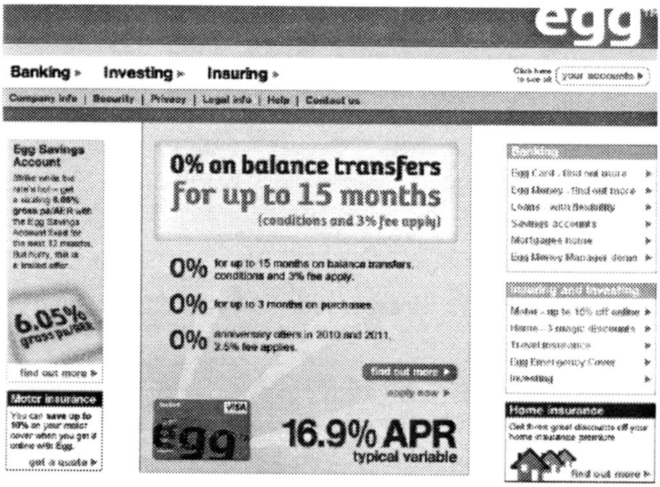

El banco *online* británico Egg (www.egg.co.uk) ofrece un buen ejemplo de elaboración de textos con titulares, diferentes colores y tamaños y buen uso de las cifras para dirigir la atención de los usuarios.

2. Reduce al mínimo tu número de palabras

Para explicar una cosa, siempre tendemos a utilizar muchas más palabras que las que realmente necesitamos. Steve Krugg, en su libro *Don't Make Me Think: A Common Sense Approach to Web Usability,*[17] nos advierte en su tercera regla del uso excesivo de palabras para, en el fondo, no aportar nada nuevo al discurso. Krugg nos da un buen consejo:

«Elimine la mitad de las palabras en todas las páginas y luego deshágase de la mitad de lo que quede».

La buena noticia es que **los textos siempre pueden reducirse hasta llegar al formato óptimo... ¡hasta un 50%!** Por tanto, siempre que tengamos un nuevo texto listo, lo mejor es revisarlo y subrayar aquello que realmente es relevante. Lo que no lo sea, no dudar en eliminarlo de inmediato.

Para ello, evitemos tópicos, trivialidades o superlativos. Textos del tipo «Siempre el primero», «Una experiencia única en el mundo» o «Líderes del mercado» ya no nos dicen absolutamente nada.

Vayamos al grano, evitemos ser redundantes y utilicemos un lenguaje fácil de entender (poco rebuscado), fresco, activo y dinámico.

Debemos tener mucho cuidado con ser demasiado ingeniosos. Hipérbolas, giros de significados o metáforas demasiado abstractas pueden echar a perder todo nuestro proceso de persuasión. Olvídate del diccionario. No estamos haciendo un ejercicio de embellecimiento del lenguaje. Estamos escribiendo para que nos entiendan.

Debemos exigirnos claridad absoluta en nuestras argumentaciones. Un usuario «confundido» nunca acabará realizando la acción de registro o compra que buscamos y solo en la medida que seamos capaces de ser directos y claros podremos convertir ese usuario «confundido» en usuario «convencido».

Ser consistentes en todos los argumentos que ofrecemos o utilizar metáforas y símiles para relacionar lo que estamos argumentando con aquel razonamiento que nuestro lector ya da como verdadero podrán ayudarnos a persuadir con nuestros textos.

Algunas ideas para ser muy claro y más directo:

- **Las palabras más importantes colócalas al principio de la frase**, pues se facilita así la memorización de la idea y se incita al usuario a seguir leyendo
- **Comienza la frase con una idea**, no con un «así pues» o un «entonces»
- **Los finales de párrafo son críticos**, ya que representan la excusa perfecta para que dejen de leer. Debes hacer que salten
- **Dale ritmo**. Mezcla frases con diferentes longitudes (Frase corta + larga + mediana + corta + larga). Las frases cortas envían impactos, las largas llevan la carga reflexiva. Al escribir todas las frases con la misma longitud, el texto se hace previsible y aburrido. Modificando la cantidad de frases largas y cortas, lograrás diferentes efectos de velocidad de lectura

- Preocúpate y mucho por **cómo tus titulares te ayuden a captar el interés** pero sobre todo por argumentar tu propuesta de valor. Funcionan mejor los titulares que:
  - Ofrecen consejos prácticos (Siete técnicas para..., Cinco pasos...),
  - Anuncian «algo nuevo».
  - Identifican rápidamente a sus beneficiarios potenciales
  - Despiertan la curiosidad.

3. Huye de textos publicitarios o corporativos

Los usuarios son muy selectivos con la información que leen. Estudios de eyetracking demuestran que para los usuarios son cada vez más invisibles los banners y, en general, todo tipo de movimiento en la Web. Y no solo por el formato, sino también el contenido ya que los textos publicitarios tampoco acaban teniendo el impacto esperado. Y es que, como bien nos dice Maria Veloso en su libro *Web Copy That Sells,*[18] los usuarios están en Internet buscando información y no publicidad. Por tanto, todos los textos que tengan un tono objetivo tendrán mayores posibilidades de llegar a ser leídos (hasta un 80% más según un estudio de *Reader's Digest* citado en el libro de Veloso). Un texto bien enfocado por el marketing y que vende no debe por qué estar reñido con darle al usuario motivos más racionales, hablarle desde los beneficios y las ventajas y desarrollar un diálogo con el usuario mucho más envolvente y cercano. Todo lo contrario.

La clave en el arte de escribir en la Web pasa por ser relevante y transmitir mensajes pertinentes que capten el interés del usuario, al mismo tiempo que consigan persuadirlo.

Lo que a estas alturas ya no podemos dudar es que los discursos fríos, formales, asépticos y distantes a los que muchas empresas nos tienen acostumbrados con sus relatos corporativos difícilmente conseguirán captar la atención de nuestros usuarios. Peor aún, provocarán probablemente nuestro rechazo. La Web nos exige de un esfuerzo literario muy distinto al que solemos utilizar en catálogos o folletos corporativos. No necesariamente hablamos de escribir de una manera formal, pero sí de una manera directa e implicante mostrando nuestro lado más humano y menos corporativo.

Muestra que eres real. Muestra tu voz y estilo propio, buscando conectar a un nivel personal y emocional y –sin duda– desencadenarás una reacción completamente receptiva en tu mensaje. No obstante, encontrar nuestro tono y estilo es probablemente el reto más grande que tengamos a la hora de trabajar nuestros *copys*.

Un ejemplo más que interesante es el que podemos ver en Barrabes.com –tienda de montañismo– que para presentarnos una camiseta de trekking para nada barata nos la describe de una manera muy cercana diciéndonos: «Muy ligera, con las virtudes que suelen tener las camisas de trekking, esta vez en forma de camiseta: no necesita plancha, seca muy rápidamente (30 minutos desde que se acaba de lavar hasta que está totalmente seca), mantiene el cuerpo siempre fresco y seco evacuando el sudor muy rápidamente... Repele moscas, mosquitos, chinches y pulgas. Reduce las mordeduras y picaduras de insectos en un 90%... Un lujazo de texto muy acorde al público que visita este tipo de tiendas, relevante, directo y claramente persuasivo.

4. Inicia un diálogo

Habla como una persona, no como una empresa. Huye del anonimato y muéstrate un poco. Plantea tu texto como una relación de igual a igual entre escritor y lector. *Online*, estás mucho más cerca de la persona que te lee. Te guste o no te guste, es una conversación.

Cambia completamente el enfoque. Cambia de la primera persona del plural «nosotros» a la segunda del singular «tú». Habla de ellos. De sus necesidades y deseos. Y cómo tú vas a satisfacerlos. Desarrolla un diálogo con tus usuarios.

Una manera deliciosa de iniciar un diálogo con nuestros usuarios es a través de la formulación de preguntas. El cerebro humano reacciona inevitablemente cuando hacemos una pregunta de tal modo que, aunque nosotros no estemos dispuestos a responder, nuestro cerebro buscará una respuesta.

Si además conseguimos formular la pregunta de manera que la respuesta sea un «sí» rotundo por parte de nuestra audiencia, habremos dado un paso gigante para conseguir empatizar y persuadir a nuestros usuarios.

Morbia (www.morbia.com) es un ejemplo delicioso de cómo desarrollar un diálogo a través de una pregunta que –entendiendo el tipo de productos de sexo que comercializan– solo pueden tener por respuesta un rotundo «sí».

El uso que hagamos de los verbos será un recurso muy poderoso para desarrollar un diálogo que vaya llevando a los usuarios hacia donde nos hemos propuesto llevarlos. Para ello, deberemos siempre usar la forma activa antes que la pasiva y recurrir al imperativo antes que al infinitivo. En Internet, el imperativo no da órdenes sino que guía, aconseja, sugiere y recomienda.

No olvidemos que nada involucra al usuario de una forma tan determinante como un verbo. Dan vitalidad y carácter a la frase y debemos pensar bien qué verbos encajan mejor en nuestros textos y cómo debemos utilizarlos.

Skype (www.skype.com) hace un uso ejemplar de los verbos en forma activa: «Acerca tu mundo»; «Descárgalo. Instálalo. Disfrútalo»; «Libera tus conversaciones».

5. Implica al usuario en lo que le estás contando

La mejor manera para que un usuario se interese en lo que vamos a decirle es haciendo que éste perciba que nuestro discurso va claramente dirigido a él.

Los estudios de neurociencia demuestran que nuestro cerebro está centrado en sí mismo: siempre buscando aquello que le interesa y poco o nada preocupado de aquello que no le supone un beneficio personal.

Patrick Renvoisé y Christophe Morin, en su libro *Neuromarketing: Is There a «Buy Button» in the Brain? Selling to the Old Brain for Instant Success,*[19] afirman que la mejor manera para convencer a las personas es dirigiendo nuestro mensaje a su cerebro primitivo. Según la neurociencia, el cerebro humano está divido en tres partes diferentes con una función específica: el cerebro nuevo dedicado a pensar, el cerebro medio: dedicado a sentir y el cerebro primitivo: centrado a decidir.

Actualmente, conocemos que en el proceso de toma de decisiones son determinantes los factores emocionales, aunque luego justifiquemos estas decisiones mediante la razón. La neurociencia va un paso más allá y nos dice que las decisiones se toman en la parte más antigua de nuestro cerebro, el cerebro primitivo, que es el centro de control de nuestras decisiones.

Para poner a prueba la eficacia de dirigir un mensaje directamente al usuario, Renvoisé realizó una prueba cambiando el típico mensaje de un mendigo pidiendo limosna: «No tengo casa. Una ayuda, por favor», por uno que dirigía una clara pregunta al cerebro primitivo: «¿Y si usted pasara hambre?». Y parece que funcionó puesto que los autores afirman que consiguieron que el mendigo ganara 60 dólares en 2 horas frente a los 20 dólares que ganaba en 4 horas utilizando el viejo *claim*.

6. Cáele bien al usuario

Uno de los principios de la persuasión definido por el psicólogo Robert B. Cialdini afirma que para tener más posibilidades de persuadir a alguien, antes tendremos que conseguir gustarle. Nuestros usuarios recibirán de modo más positivo nuestro mensaje si conseguimos agradarles antes. Pero gustar puede resultar una tarea muy complicada. Para conseguirlo deberemos conocer muy bien a nuestros usuarios y escucharlos. Sabiendo qué es lo que esperan de nosotros, nos resultará más fácil dárselo.

Sin tener una clara respuesta a preguntas del tipo: ¿Quiénes son mis usuarios?, ¿qué quieren?, ¿cómo lo quieren?, ¿cuáles son sus deseos frente a nuestro servicio o producto? o ¿qué estilo tienen?, difícilmente podremos saber cómo empatizar con él.

Una vez que conocemos bien a nuestros usuarios y lectores, podemos empezar a pensar cómo conectamos con ellos. Algunas primeras ideas:

- Demostrémosles –por ejemplo– que **conocemos tan bien sus circunstancias como ellos mismos**

- Hagámosles sentir que **les estamos ofreciendo justo aquello que están buscando**
- Empleemos **frases personales en un tono coloquial** que nos permitan ser percibidos como cercanos y próximos
- Consigamos que se sientan **identificados con lo que les contamos**, alabándoles –por ejemplo– diciéndole cosas bonitas del tipo «Sabemos que solo te conformas con lo mejor, por eso te lo estamos ofreciendo»

7. Muéstrate siempre positivo

El mensaje más persuasivo es siempre un mensaje positivo. Todo estudio de marketing nos advertirá de asociar aspectos negativos con nuestros productos y marcas, así como de utilizar formas negativas.

Luc Dupont, en su libro *1001 trucos publicitarios*,[20] nos muestra que ante el *claim* publicitario: «Las patatas fritas Zombo no contienen conservantes», los usuarios al final acaban asociando los términos: «patatas fritas Zombo» y «conservantes». La idea que queda en la mente del consumidor es que estas patatas fritas contienen en realidad conservantes. Hemos conseguido justo el efecto contrario a lo que pretendíamos ya que las personas tendemos a olvidar el «NO» y quedarnos con la idea negativa que precisamente se estaba intentando negar.

Evitemos todo tipo de lenguaje o vocabulario negativo. Palabras del tipo «fracaso», «pérdida», «dificultad», «preocupación», «miedo» o «equivocación» no deberían aparecer en nuestros textos.

8. Habla siempre en clave de ventajas y beneficios

En el momento de hablar de nuestros productos y servicios, no podemos limitarnos a enumerar simplemente sus características sino que debemos enfocarnos a buscar las ventajas y especialmente los beneficios que estos tienen para los usuarios a los que nos dirigimos.

Si quiero persuadirte de que me compres un taladro eléctrico, deberé evitar decirte: «Motor de 42 mm con gran fuerza de arrastre. 12 V. Acumulador de cambio rápido con codificación de la tensión. Control electrónico. Anillo de ajuste con preselección del par de giro. Auto Lock. Quíntuple mecanismo planetario. Freno de detención. Giro reversible». Mi energía debe pasar por decirte: «Hace agujeros: los mejores, los más rápidos, los más nítidos, los más profundos, los más precisos, de todas las medidas, sobre todos los materiales. Ligero de peso. Silencioso. Maniobrable y sin vibraciones. Duradero. Y con un cable larguíííííííííííííísimo».

Las características no son capaces de mostrar el producto en un escenario de uso. No pueden lanzar la imaginación del usuario usando el producto. Tampoco muestran las cualidades del producto. No responden las preguntas críticas: ¿Y esto por qué me debería interesar? ¿En qué me beneficia? Las ventajas son la información relevante del usuario. Conectan con él a un nivel emocional proporcionándole una solución concreta a un problema real.

Sanitas (www.sanitas.es) aseguradora privada de salud, comercializa sus seguros desde el punto de vista de los usuarios, explicando qué ventajas y beneficios tangibles tienen los seguros en lugar de simplemente enumerar sus características. Y lo hace con un lenguaje transparente y entendible para cualquier usuario alejándose del lenguaje más encriptado de los seguros médicos.

9. Utiliza la razón: Sin ambigüedades y con los debidos argumentos

Debemos utilizar frases y conceptos concretos. Debemos evitar decir «Pilas que duran más», «Arroz que se cuece en pocos minutos» o «Cerca de Barcelona». Debemos ser mucho más específicos diciendo «Pilas que duran un 30% más», «Arroz listo en 5 minutos» o «A 20 minutos de Barcelona».

Las cifras son útiles para persuadir puesto que activan la parte –izquierda– racional de nuestro cerebro y son sumamente creíbles.

¿Queremos decir que nuestros clientes están satisfechos con nuestro trabajo? Pues lo podemos hacer mostrando una encuesta de satisfacción que nos sirva de aval. ¿Queremos decir que nuestro portal no para de crecer? Bastará con dar una cifra para demostrar todo nuestro poderío.

Otro modo de apelar a la parte izquierda de nuestro cerebro es enumerando los motivos racionales de una determinada acción.

Ellen Langer, profesora de psicología social en Harvard, realizó un estudio con el objetivo de comprobar el efecto de dar motivos racionales para conseguir persuadir. Ante la cola de una copistería pedía el siguiente favor:

«Perdón, tengo 5 páginas, ¿podría usar la fotocopiadora porque tengo prisa?».

En un 94% de los casos consiguió una respuesta afirmativa. Posteriormente probó con la siguiente frase:

«Perdón, tengo 5 páginas, ¿podría usar la fotocopiadora?».

Y la cifra bajó al 60%. Pero lo más curioso fue su tercera prueba. En esta nueva prueba, añadió a su pregunta un porqué que no ofrecía ninguna información relevante. Quedó del siguiente modo:

«Perdón, tengo 5 páginas, ¿podría usar la fotocopiadora porque tengo que hacer fotocopias?».

Y aunque el porqué no ofrecía nada nuevo, las cifras aumentaron de nuevo al 93%. Larger llegó a la conclusión que la palabra «porque» desencadenaba un efecto automático en las personas para incitarlas a realizar una acción.

Por tanto, si cuando invitamos a alguien a hacer algo, lo complementamos con el porqué, conseguimos persuadir más que si simplemente decimos: «¡Cómprelo ahora!». Puede ser más inteligente decir: «Cómprelo ahora porque esta promoción solo dura hasta final de mes».

La aseguradora privada de salud DKV (www.dkvseguros.com) creó una landing page para la venta *online* de su producto estrella «DKV Integral». Los textos que utilizó ofrecían una extensa explicación en la que se apelaba a la razón del usuario para convencerlo de las ventajas del seguro: número de personas que confían en la compañía, alto porcentaje de clientes satisfechos con ella (sacados de una encuesta de satisfacción realizada), número de centros y médicos y las ventajas de la cobertura médica. Incluso arriesgaron ofreciendo un precio aproximado del seguro. La mezcla de cifras y razones ayudó en el aumento de la conversión en la contratación del seguro.

10. Pero si realmente quieres ser irresistible... apela a las emociones

Aunque sabemos que las cifras y razones intervienen en el proceso de tomas de decisiones, lo que realmente será determinante son nuestras emociones.

Malcolm Gladwell, en su libro *Blink: The Power of Thinking Without Thinking,*[21] nos habla de la importancia de nuestro instinto a la hora de tomar decisiones. Resulta interesante ver hasta qué punto nuestra intuición y nuestras emociones son las que nos llevan a decidir. Gladwell nos cita los estudios de Antonio Damasio, en los que demostró que las personas que tienen dañado el córtex prefrontal ventromedial (parte emocional) son incapaces de tomar una decisión tan sencilla como cuál es el día más indicado para una cita médica. Se les ofrece a los pacientes dos opciones para la cita y ellos tienen que tomar una decisión. La parte racional de su cerebro funciona perfectamente y los pacientes son capaces de hacer largas listas con los pros y los contras de decidir la cita un día u otro. Lo curioso es que les resulta imposible tomar una decisión al respecto, ya que para eso son determinantes las emociones.

Por tanto, aunque nos gusta pensar que somos seres racionales y que tomamos nuestras decisiones basándonos en hechos probados, argumentos lógicos y cifras, parece que nuestro cerebro está pendiente de otras cosas mucho menos prácticas y racionales: nuestras emociones.

Hasta tal punto que si se eliminan los factores fisiológicos que guían las emociones, las personas somos incapaces de tomar decisiones.

Así, Shibata, de la Universidad Rochester School of Medicine de New York, consiguió demostrar que las personas que tienen dañado el lóbulo prefrontal –donde se procesan las emociones– son incapaces de tomar decisiones tan simples como escoger un día para quedar con el médico, escoger qué ropa ponerse o qué camino tomar en la carretera.

Cuando los humanos tomamos decisiones, siempre evaluamos mentalmente las ventajas y riesgos emocionales de tomar tal decisión. Siempre recreamos inconscientemente las decisiones en nuestra mente y nos situamos en el centro de la escena. Por eso, nuestro texto debe crear imágenes mentales que involucren personalmente al usuario y le guíen a las acciones que nosotros deseamos (y que él TAMBIÉN desea).

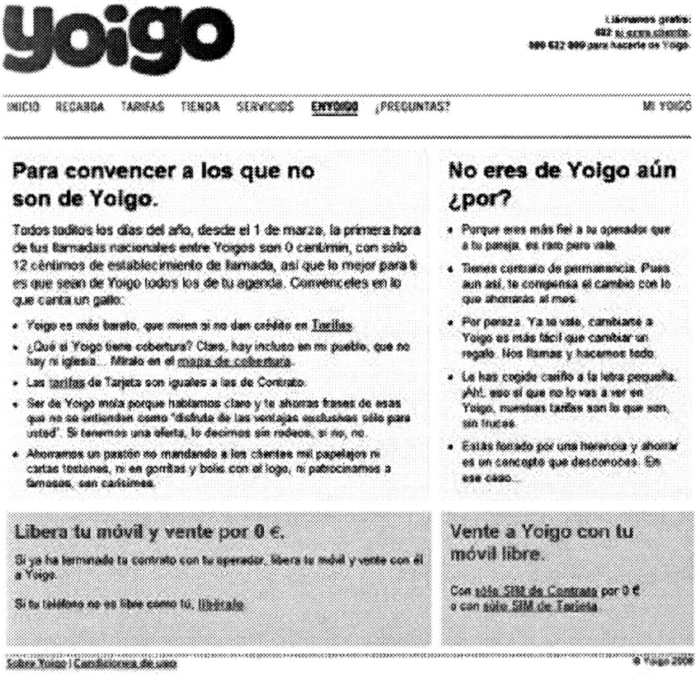

El operador de telefonía móvil Yoigo (www.yoigo.com) dedica energía a explicitar por qué debemos ser clientes suyos. Para ello, utiliza distintos argumentos –esencialmente emocionales– dentro del apartado «Para convencer a los que no son de Yoigo». Y por si no fuera suficiente, no pierde la oportunidad de insistir en ello, planteándose con grandes dosis de humor el porqué el usuario aún no se ha hecho cliente suyo, sobre todo dejando claro el ahorro que esto supone. Y lo hace consiguiendo gran coherencia con el tono de comunicación de la compañía y con altas dosis de complicidad y empatía.

6

Llamadas a la acción que provocan un clic

Las llamadas a la acción son una pieza angular de la persuabilidad. Si entendemos el proceso de conversión como una suma de microacciones en las que cada página debe tener una vocación clara de conversión, las llamadas a la acción representan las invitaciones que hacemos a nuestros usuarios para que realicen alguna acción en cada una de nuestras páginas (ya sea clicar un enlace, rellenar un formulario, suscribirse a un *newsletter* o boletín informativo, o añadir un producto al carrito de compra).

La llamada a la acción aparece cuando el usuario ya se encuentra persuadido por aquello que le estamos proponiendo y entonces lo que le viene a la cabeza es: «¿Y ahora qué hago?». Una buena llamada a la acción deberá responder a esta pregunta con total claridad y sin dejar que el usuario deba pensar demasiado. Cada llamada a la acción le dice al usuario qué puede hacer en una página a la vez que lo anima a seguir avanzando en el proceso de conversión. Para ello, debemos tener muy claros cuáles son los objetivos de los usuarios que llegan a nuestro sitio y proponerles las acciones que tienen que realizar en él. No hay nada más desmotivador que llegar a una página en la que no sabemos qué es lo que nos están proponiendo hacer en un simple vistazo.

No debemos confundir llamadas a la acción con los enlaces (o links) que nos permiten navegar por las diferentes páginas de un sitio, aunque en la gran mayoría de los casos sean precisamente estos enlaces los que nos permitan proponer una llamada concreta a la acción a los usuarios.

Debemos tener en cuenta que los usuarios no solo utilizan las llamadas a la acción para ir de una página a otra, sino también como anclas de lectura para comprender el contenido de una página. De este modo, una llamada a «Añadir al carrito» me hará entender que estoy en una ficha de producto, mientras que una llamada a «Descarga el software ahora» me hará entender en un vistazo que en la página encontraré la información básica del software y la posibilidad de probarlo. Los buenos enlaces serán descriptivos del contenido del sitio, a la vez que aportarán información sobre qué van a encontrar los usuarios en su página de destino siempre haciendo una buena gestión de las expectativas creadas.

Algunas de las típicas llamadas a la acción que podemos encontrarnos son:

- Regístrate ya, gratis
- Suscríbete a nuestro newsletter
- Añadir al carrito
- Comprar
- Reservar
- Descarga gratuita

De todos modos, debemos entender por llamada a la acción cualquier invitación que lleve al usuario a realizar las acciones que nosotros nos proponemos, y para ello no nos quedaremos solo en el mundo *online* sino que le pediremos que descuelgue el teléfono para contactar con nosotros, imprima un cupón de descuento y vaya corriendo a alguna de nuestras tiendas.

Teniendo en cuenta la importancia de las llamadas a la acción, no podemos dejar en segundo término su planificación en un proyecto de conceptualización y diseño de una presencia *online*. Las llamadas a la acción deben ser el eje desde el que planteemos nuestros wireframes,[22] pues hablan del objetivo que persigue cada una de nuestras páginas.

En el momento en que planifiquemos una nueva página, debemos atender a las siguientes cuestiones para enfocar correctamente nuestras llamadas a la acción.

1. *¿Dónde situaremos nuestras llamadas a la acción?* Debemos encontrar su lugar dentro de la estructura y jerarquización de contenidos de cada página.
2. *¿Cómo podemos hacerlas más atractivas?* Debemos pensar en el diseño que las convierta en más atractivas.
3. *¿Qué textos son los más tentadores para provocar el clic?* Algunos textos funcionarán mejor que otros para conseguir que el usuario haga clic en ellos. Conocer las palabras clave –*trigger words*– para que el usuario reaccione, será básico para conseguir el tan preciado clic.

10 ejes para crear llamadas a la acción irresistibles

1. **Lo primero es lo primero:** Ve al grano. Déjale claro al usuario qué acción concreta puede realizar en tu página web (ya sea darse de alta como usuario registrado o contratar un producto o servicio). No le des más vueltas y deja que el usuario identifique en pocos segundos cuál es la tarea que le propones realizar. Si encaja con sus expectativas, el clic será una reacción automática.

Dominos's Pizza (www.dominos.co.uk) pizzería del Reino Unido, tiene muy claro que cuando un usuario entra en su sitio es porque está hambriento y quiere hacer un pedido. Y si su objetivo no es otra cosa que obtener pedidos, ¿para qué complicarse la vida?

2. **Destácalas visualmente del resto de contenido**: Las llamadas a la acción son las grandes indicadoras viarias de tu sitio. Indica a los usuarios dónde tienen que ir, qué tienen que hacer y qué van a ganar con ello. Un lujo que no nos podemos permitir es que el usuario precise más tiempo del necesario para saber qué acción debe tomar en cada momento dado. Y son demasiadas las páginas web que se olvidan de invitar clara y contundentemente a comprar o contratar un producto o servicio.

   Para que el usuario encuentre la llamada a la acción sin necesidad de buscar, debemos destacarla por encima del resto de los contenidos del sitio. El usuario agradecerá que se lo pongamos fácil y, cuanto menos le hagamos pensar, mayores probabilidades tendremos que realice aquello que le proponemos.

¿Qué es lo que quieren hacer los usuarios en el sitio del navegador Firefox (www.firefox.com)? Con toda probabilidad, un porcentaje muy alto querrá descargarse el software. La llamada a la acción, sin lugar a dudas, destaca por encima del resto de los contenidos.

3. **Siempre en el momento oportuno.** Para sacar el máximo provecho de las llamadas a la acción, es importante que estas aparezcan en el momento oportuno: cuando el usuario está dispuesto a pasar a la acción. Para conseguirlo, debe respetar la linealidad del discurso de comercialización de un producto o servicio y aparecer en el momento en que el usuario ya dispone de suficiente información para tomar la decisión. Y siempre debe aparecer de forma natural, ocupando un espacio destacado (sin la necesidad de realizar scroll).

4. **Da siempre las máximas opciones:** Aunque nuestro objetivo principal sea uno y muy claro –«Contrátelo *online*»– debemos tener en cuenta los diferentes perfiles de usuarios a los que nos enfrentamos para sugerirles alternativas. No todos se lanzarán con sus tarjetas de crédito a comprar nuestros productos en la red. Algunos perfiles me-

nos acostumbrados a las transacciones *online* o más conservadores, preferirán enviar un correo electrónico o descolgar el teléfono antes de tomar decisión alguna, y deberemos sugerirles en un segundo nivel de prioridad con un «Llámenos» o «¿Prefiere que le llamemos?».

5. **No distraigas al usuario de su camino:** Debemos hacer un ejercicio de simplificación para eliminar aquellos elementos o enlaces que inviten al usuario a distraerse y a alejarse de la ruta de conversión marcada.
   Cada vez que añadamos un elemento –sea texto, enlace o imagen– que no conduzca al usuario allí donde nos hemos propuesto, estaremos reduciendo nuestras posibilidades de convertir. Nuestro trabajo pasa por entender cuál es el camino que queremos que siga el usuario y eliminar cualquier obstáculo que haya entre él y el final de ese camino.
   ¿Cuántas veces –sin ir más lejos– en páginas web de banca estamos consultando depósitos de ahorro y nos ofrecen seguros para nuestro hogar? Cuestionémonos el valor de distraer al usuario con otros productos o servicios.

6. **Invita al usuario desde cada una de tus páginas:** No te canses de invitar a los usuarios de tu página web a conseguir los objetivos que te has propuesto. Durante el proceso de información de un producto o servicio, la llamada a la acción debe estar presente en cada una de las páginas, ya sea en un primer nivel en el que aún damos poca información (para los usuarios que se convencen más rápidamente o aquellos que ya estaban convencidos al llegar) como en los niveles más profundos de información en el que ya hemos podido contar toda nuestra propuesta.
   Si lo que pretendes es generar un contacto, no te limites a crear una triste sección de contacto. Invita al usuario en todo momento a hacerlo cuando se esté informando sobre tus productos o servicios. Por ejemplo, cuando un usuario se está informando sobre un caso de clientes para los que has trabajado, es el momento de ser proactivo y pregun-

tarle dentro de tu discurso: «¿Quieres saber más sobre este proyecto? Llámanos sin compromiso alguno y te lo contaremos en persona». O cuando estás presentando tu producto, es el momento de decir «Llámanos y te haremos una demo del producto *in situ* sin coste alguno».

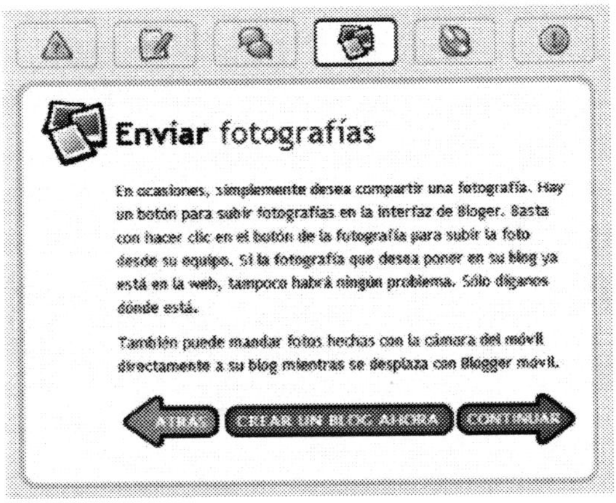

¿Cuántas veces hemos visto demos que debemos ver de arriba abajo para iniciar la acción que esperamos realizar? Blogger (www.blogger.com) –en su demo de cómo crear un blog– nos da siempre la opción de empezar en cualquier momento sin la necesidad de esperar a finalizar todo el proceso.

7. **Deja muy claro por qué hay que hacer clic:** Hay que erradicar las llamadas a la acción que solo dicen «clica aquí» o «más información», puesto que no aportan nada a nuestro discurso persuasivo. Las mejores llamadas a la acción son aquellas que invitan al usuario a avanzar en el proceso, haciéndole entender qué es lo que va a obtener haciendo clic. Por ejemplo, ante una típica y poco persuasiva llamada «Suscríbete a nuestro newsletter», debemos complementar nuestra invitación con el motivo de por qué hacerlo y tender a crear llamadas del tipo: «Suscríbete a nuestro newsletter y serás el primero en enterarte de nuevos libros, concursos, promociones y ¡mucho más!» o «Recibe contenidos 100% exclusivos sobre persuabilidad suscribiéndote a nuestro newsletter».

8. **No es un link, es una ventaja:** Las llamadas que se presentan en clave de ventajas o beneficios para el usuario tienen un alto impacto comunicativo. Por ejemplo, un error frecuente es el que encontramos en la mayoría de formularios en los que se piden datos a los usuarios y la llamada a la acción que los acompañan lleva el texto de «Enviar». Aunque esta es la acción que realmente se realiza –enviar los datos–, no se corresponde con el objetivo del usuario, puesto que este lo que busca rellenando un formulario es encontrar un piso en Barcelona, ir a Nueva York o encontrar el gran amor de su vida.

La página web de citas *online* Granamor (www.granamor.com), en lugar de utilizar el clásico «Buscar», elige una opción mucho más sexy y persuasiva: «Encontrar a alguien especial». ¿Quién no quiere encontrar a alguien especial si está en una página web de contactos?

9. **La magia de los verbos:** Los verbos son mágicos, ya que no solo nos invitan a realizar una acción determinada, sino que incorporan un eje emocional que nos lleva al beneficio que obtendremos tras realizar dicha acción. Y ello nos permite encontrar el *momentum* necesario

para conseguir convertir. Cuando decimos «Descubre cuánto puedes ahorrarte con nosotros» estamos congeniando con el usuario al que estamos invitando a descubrir algo que para él es importante: el ahorro que representa nuestro producto o servicio.

10. **Genera empatía en tus llamadas:** Buscar la empatía con el usuario en nuestras llamadas a la acción puede crear la complicidad necesaria para facilitar una respuesta favorable. Un buen modo de hacerlo es mediante la creación de un diálogo con el usuario, puesto que podemos generar empatía mediante sus respuestas.

La manera como planteamos nuestras llamadas puede producir un guiño en el subconsciente de nuestros usuarios. Por ejemplo, un «¿Estás preparado para mejorar tus resultados en Internet? Sí, lo estoy» como enlace es una llamada suficientemente empática para permitirnos que el usuario –a lo largo de la navegación– nos vaya dando pequeños «sí» y que vaya condicionando inconscientemente su decisión final.

En la dirección http://www.persuabilidad.com/mejoresllamadasalaccion puedes ver una relación de llamadas a la acción que nos parecen exquisitas.

El link perfecto

El link perfecto cumple siempre las siguientes características:

1. Es fácilmente visible y se entiende perfectamente que es un enlace. No sirve para nada poner enlaces sin el subrayado, no aporta ningún valor y lo único que hace es confundir al usuario, que tiene que ponerse encima para saber si es un enlace.
2. Se comprende y utiliza palabras y expresiones que no dan a error.
3. Es directo y específico: «Abre una cuenta».
4. Empiezan por un verbo o son una pregunta. Como hemos visto, el verbo denota acción y la pregunta obliga al usuario a buscar su respuesta («¿Quieres saber cuánto podrás ahorrarte?»).

5. No tiene miedo a ser largo: si la explicación es más larga, no tenemos que dejar nada por el camino.
6. Resalta ventajas y beneficios: en lugar de «Abre una cuenta», podemos decir: «Empieza a ahorrar ahora».
7. Generan urgencia: «Plazo limitado» o «Hazlo ahora».
8. Generan curiosidad: «¿Estás preparado para ver la forma más inteligente de invertir? Entra y descúbrelo tú mismo».

7

Creando sensación de urgencia: ahora o nunca

Si como parece haber demostrado científicamente la neurociencia (de la mano de investigadores como Marcel Brass de la Ghent University o Patrick Haggard de la University College London) existe un lugar en nuestro cerebro programado estrictamente para hacernos desistir –a modo de freno– de una determinada decisión impulsiva, no podremos conformarnos con lo dicho en capítulos anteriores.

Probablemente –si hemos hecho bien las cosas– ya tendremos ante nosotros un usuario completamente persuadido y convencido. Pero, ¿qué le hará tomar la decisión de compra ahora y no posponerla para otro día? Al fin y al cabo, son múltiples los escenarios en los que un usuario –a pesar de estar convencido– podría diferir la decisión porque quiere:

- Ver si puede obtener un mejor precio en cualquier otro lugar (algo muy común en commodities como cualquier producto de electrónica o en mercados muy dinámicos en cuanto a precios como pueden ser los pasajes de vuelo)
- Acabar de contrastarlo con alguna persona cercana (esposa, amigo o consejero)
- Tocar el producto y acercarse a una de nuestras tiendas para evitar llevarse algún chasco en el último minuto
- Darse un poco de tiempo para pensarlo un poco más

En estos casos es cuando entra en escena la creación de sensación de urgencia, pudiéndose convertir en nuestra mejor aliada, ya no tan solo para poner mayor presión en el usuario, sino para evitar principalmente que nuestro usuario posponga la decisión para otro momento. A esta acción muy habitual que realizamos varias veces al día, los ingleses le llaman *procrastination* (del latín *pro-* «hacia adelante» y *crastinus* «mañana») y deberemos entender que representa nuestro último obstáculo y el más importante para cerrar una nueva venta.

En primer lugar, deberemos reflexionar –desde el tipo de negocio o producto que estamos comercializando– tres aspectos clave:

- Los verdaderos motivos por los que nuestros usuarios están interesados en nuestros productos o servicios
- Los obstáculos, razones o motivos que pueden tener nuestros usuarios para no tomar una decisión en ese preciso instante
- Las posibilidades que tenemos para crear la máxima sensación de urgencia en el usuario

Desde la comprensión de las razones y nuestro margen de maniobra, debemos pensar la manera y el momento más indicado para presionar a nuestros usuarios hacia nuestros objetivos. Andrew Chak, en su libro *Submit Now*,[23] identifica dos fundamentos para la motivación de cualquier individuo a realizar una acción inmediata: el deseo a la recompensa y el miedo al castigo. Según Chak, la recompensa nos enfatiza los beneficios del producto pero no nos motiva directamente a la acción. En cambio, respondemos de manera inmediata al miedo al castigo. En economía conductual esto se conoce como el efecto de «aversión a las pérdidas»: estamos más predispuestos a evitar pérdidas que a obtener ganancias. Este comportamiento «no racional» (según la teoría económica) explica, por ejemplo, por qué un inversor no vende una acción si hacerlo le supone una pérdida aunque esta pérdida pueda ir en aumento.

Imaginamos una situación tipo en la que estamos buscando un hotel para nuestras vacaciones. Nos encontramos ante dos opciones:

- Creamos una situación idílica en la que reforzamos los beneficios de una visita al hotel afirmando que es el marco idóneo para relajarse estas vacaciones
- Creamos una situación de presión en la que afirmamos que quedan pocas plazas de hotel por el precio que ofrecemos ahora

¿Qué nos motivará a reservar el hotel ahora? El miedo a perdernos una buena oportunidad será el detonante para que tomemos la decisión en el mismo instante. Una técnica interesante para aplicarlo es creando sensación de urgencia a través de dos posibles ejes:

- La caducidad, limitando en el tiempo las condiciones que ofrecemos en la comercialización de un determinado producto
- La escasez (en inglés *scarcity*), mostrando que el producto en cuestión puede esfumarse en pocos minutos si no tomamos una decisión de compra rápida

En ambos casos, normalmente se percibe un aumento del valor que tienen las cosas cuando nos anuncian que no estarán disponibles para siempre. Y es que –como hemos visto– la idea de la pérdida juega un papel muy importante en el proceso de toma de decisiones puesto que nos sentimos más motivados ante el miedo a la pérdida que ante la posibilidad de ganancia.

Este principio funciona básicamente por dos factores:

1. Si una cosa es más difícil de poseer es posiblemente que sea mejor que otra. Esto nos servirá de atajo para tomar decisiones de compra con mayor facilidad.
2. Si no podemos adquirir una cosa, sentimos que se nos está privando de nuestra libertad de elección. Esto hará que sintamos mayor deseo de tenerlo.

El psicólogo Stephen Worchel realizó unos estudios para ver el funcionamiento de este principio cuando se debía valorar la calidad de unas galletas. Las galletas se presentaban de dos modos distintos: en una caja de 10 o en una de 2. La calidad de las galletas era percibida como mayor cuando se encontraba en la caja de 2 mostrando la validez de dicho principio. Pero Worchel no se quedó allí en su experimento y también investigó si este principio funciona mejor cuando la escasez de un producto es permanente o bien se produce de forma reciente. Para ello, a algunas personas se les presentó siempre la misma cantidad de galletas mientras que a otras, se les presentaron primero las 10 galletas y luego la caja de 2. En este caso, la calidad percibida de las mismas era aún mayor. De este modo, los resultados probaron que el principio de escasez funciona mejor en los productos en los que puede demostrarse que se produce en el momento actual.

Crear sensación de urgencia a través de promociones u ofertas que caducan en el tiempo o explicitando el número de unidades de nuestro producto que nos quedan por vender son, sin duda, un vehículo más que efectivo para mejorar nuestros resultados *online*. No obstante, no debe usarse en ningún caso de manera indiscriminada y sin una adecuada planificación o una atenta medición de su efectividad real.

La urgencia que nos proponemos crear debe en cualquier caso ser:

- **Genuina y auténtica,** al ser una promoción que nos permite facilitar que nos compre por primera vez o comercializar productos que necesitamos vender por algún motivo lógico y razonable
- **Honesta y verdadera.** No nos sirve una promoción que dure solo hasta este miércoles y que el jueves aparezcan las mismas condiciones de la oferta pero solo hasta el siguiente sábado
- **Creíble.** Muchas veces las características del mismo producto hacen que la credibilidad de nuestra oferta limitada no sea cuestionada. En el caso de los vuelos, ¿quién pondrá en duda que quedan solo cuatro plazas? Otras veces, deberemos explicar con claridad el motivo por el que ese producto o servicio está en condiciones especiales solo antes de una fecha. Un modo de lograrlo es, por ejemplo, explicando que la

promoción está fuera de nuestro control debido a que la responsabilidad de esas condiciones especiales recae en manos de terceros con los que hemos desarrollado tal acción promocional

- **Discontinua en el tiempo.** Una promoción que convive con nuestro sitio en el tiempo nos hará perder credibilidad. Debemos jugar con múltiples promociones y ofertas y contextualizarlas al momento del mes o del año en el que estamos
- **Condicionar el precio.** Sin duda, éste es uno de los factores más importantes (aunque no el principal en la mayoría de casos) en la toma final de una decisión de compra. Los internautas comparamos precios en Internet y somos especialmente sensibles cuando un producto puede ser percibido como un chollo en cuanto a su precio

Debemos entender la creación de urgencia como un vehículo más emocional que racional. Diferentes economistas –entre ellos Ulrike Malmendier de la Universidad de Berkeley– han estado analizando cómo los usuarios de eBay compran y venden todo tipo de productos. Y el dato más sorprendente es que, en diferentes subastas que analizaron, entre el 43% y el 50% de los usuarios que pujaron superó el precio de compra directo (*Buy it now*). Según el mismo artículo, se reproduce lo que los romanos llamaban *calor licitantis*, que lleva a los participantes de una puja a comportarse de una manera poco racional ante el calor de la misma. La toma de decisión de una compra poco tiene de racional y cualquier técnica de urgencia nos debe llevar a jugar un poco con las emociones de nuestros usuarios.

15 maneras para crear sensación de urgencia

1. Con una buena visualización de las ofertas y promociones

Para dar el máximo valor a nuestras ofertas debemos darles una buena visualización. Antes que nada, es recomendable huir del formato *banner* –con movimiento incluido– puesto que pueden ser ignorados por nuestros propios usuarios. Las ofertas deben convivir de forma armónica con el resto de los contenidos aunque también deben destacar y ser visibles en un primer vistazo a la página (puesto que en ellas se encuentra el gancho de nuestra propuesta).

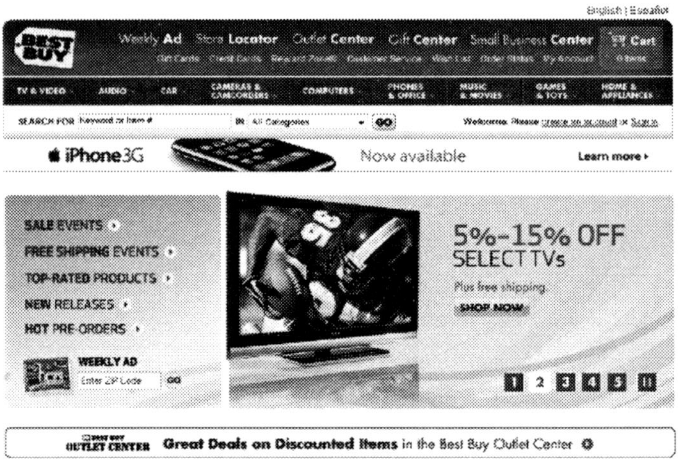

Bestbuy (www.bestbuy.com) hace un óptimo destacado de sus múltiples ofertas y facilita el acceso a los productos ordenados según la categoría de productos en liquidación, ofertas de envío gratis, productos más valorados o nuevos lanzamientos. Todas son agrupaciones de los productos basados en aspectos emocionales que conectan rápidamente con el sentimiento de escasez, urgencia u oportunidad única.

En la dirección http://www.persuabilidad.com/buenaspromociones puedes ver una relación de ofertas y promociones visualmente muy bien planteadas.

2. Sacando ventaja del contexto

Cada contexto implica unas necesidades propias. No tenemos las mismas necesidades de consumo en Navidades, que cuando llega la primavera o cuando estamos en vacaciones de verano. Contextualizando nuestras ofertas sacaremos dos ventajas claras. Por una parte, nos resultará más fácil establecer una relación de empatía con nuestros usuarios puesto que ligaremos sus necesidades con el contexto que compartimos. Y por otra parte, estableceremos una estacionalidad en nuestros productos dado que el contexto es temporal y las necesidades que implica se terminan cuando se termina el período establecido.

Con la frase «Hoy 25, estás a tiempo de regalar», el mismo día 25 de diciembre Falabella (www.falabella.com) nos destaca desde su página de inicio sus tarjetas de regalo *online*, «producto salvación» para muchos olvidadizos que el mismo día de Navidad todavía tienen pendiente alguno que otro regalito.

3. Ponles fecha de caducidad... ¡y cúmplela!

Para conseguir que nuestras ofertas y promociones tengan un alto valor, hay que establecer una fecha de caducidad límite. Si entramos en un sitio y encontramos una oferta destacada sin ninguna fecha que nos indique hasta qué momento podemos aprovecharla, pensaremos que esta estará siempre disponible y se perderá la fuerza del momento. Y si además, volvemos a la página web al cabo de unas semanas y nos encontramos con aquella oferta, la misma dejará de tener validez para nosotros y se convertirá en un producto más. Seamos imaginativos con nuestras ofertas y propongamos novedades actualizadas. El miedo a perder una oferta tentadora acelerará la decisión de compra del producto.

Cuando planteamos toda una seria de productos en oferta, incluir la hora para generar la sensación de que esas ofertas no tardarán mucho en desaparecer. Como hace Orange (www.orange.co.uk) en su tienda *online* nos parece que puede ser muy sugerente y efectivo.

4. Muestra que el producto se agota

Como hemos visto, saber que el producto se agota tiene mucho sentido (especialmente en productos en los que hay mucha competencia). Las compañías aéreas, por ejemplo, establecen ya en su mayoría el número de asientos que queda para un determinado vuelo a un determinado precio. De este modo, se evita que el usuario visite otros sitios de aerolíneas y busque más precios. Si el precio nos parece razonable, el miedo de perder «esa ganga» que tenemos entre manos será más fuerte que la prudencia de buscar más y más precios.

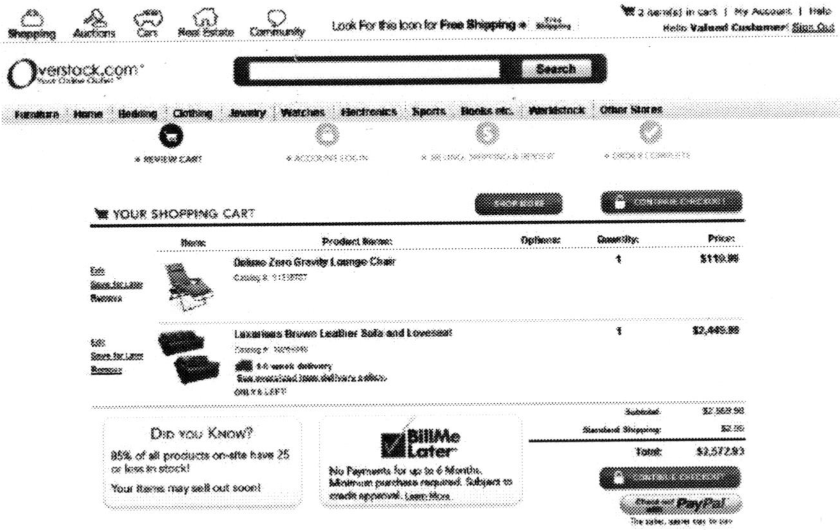

Overstock (www.overstock.com) nos advierte de que –como en el caso de este sofá– solo le quedan 6 unidades y nos recuerda que en el 85% de sus productos solo tiene en stock menos de 25 unidades. Date prisa o tus productos acabarán teniendo un cartelito de *sold out*.

5. Con un buen gancho

Dar cualquier tipo de incentivo –ya sea un pequeño regalo, un descuento, un accesorio gratis, participar en un sorteo o el mismo envío gratuito– condicionará positivamente a nuestros usuarios.

Empresas que precisan que sus propios clientes utilicen en mayor medida Internet como vehículo de comunicación y relación pueden experimentar muy buenos resultados con el incentivo adecuado. ¿Cuánto es el valor por la cercanía comunicativa de un cliente *online* y la reducción de costes de comunicación para un cliente en el negocio bancario o en el de telefonía móvil? ¿No podemos invertir ese valor (o parte de él) en dar claros incentivos que provoquen el registro *online*? En general, falta agresividad en este sentido. Probablemente porque el área responsable de la Web tiene poco margen de actuación en este tipo de políticas.

La clave en todo ello está no tanto en pensar en el incentivo perfecto. Lo realmente relevante es el ROI del incentivo que vamos a entregar. Lo que obtenemos por el coste marginal que vamos a tener que asumir.

Movistar en Chile (www.movistar.cl) nos invita a participar en el sorteo de 100 iPodTouch solo por registrarnos en su Canal Cliente. Un buen gancho para arrastrar miles de clientes –especialmente del segmento de prepago– a utilizar la página web como canal de relación y atención.

6. Con una clara llamada a la acción

Ya hemos hablado de la importancia de las llamadas a la acción para motivar al usuario a realizar aquello que estamos esperando de él. Las llamadas a la acción también pueden ayudarnos a crear una sensación de urgencia en los usuarios. A través de textos que indiquen temporalidad y denoten urgencia, estableceremos en los usuarios el dilema de realizarlo en ese mismo momento. *Copys* como: «Cómpralo ahora» o «Reserva tu vuelo en solo 5 minutos» resultarán más motivadores que sin el efecto temporal.

Más allá de las llamadas a la acción, los *copys* en todas nuestras páginas podrán jugar un papel muy notable en connotar sensación de urgencia.

7. Dile al usuario cuándo lo va a recibir

Cuando se trata de adquirir algún producto o bien informarse o contratar un servicio, el medio *online* siempre compite con el medio offline en la mente del usuario. Por tanto, una de las cosas que el usuario quiere saber es cuándo va a obtener aquello que desea. De nuevo, si pretendemos que el usuario realice en ese mismo momento aquello que le proponemos, establecer un factor temporal será imprescindible. Afirmar que si compra ahora este producto va a tenerlo al día siguiente o bien que si les rellenamos un formulario de contacto, contactaremos con ellos en menos de 24 horas será la clave de que hagan clic en ese mismo momento.

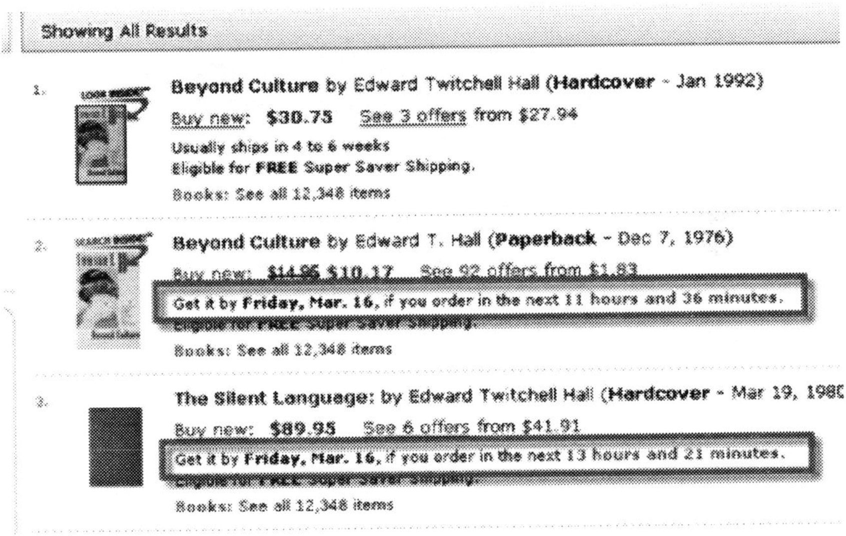

Amazon (www.amazon.com) nos deleita con su «Get it by Friday» si realizamos nuestro pedido en las próximas horas.

8. Ofrece –si puedes– probar tu servicio gratis

¿Tenemos un servicio nuevo que creemos que es irresistible? El mejor modo de que los usuarios accedan a él es mediante la prueba gratis. En el medio *online* donde el usuario no está acostumbrado a pagar por los servicios si no son de auténtico valor, tenemos que demostrar primero lo que valemos y luego pedir al usuario el número de cuenta corriente.

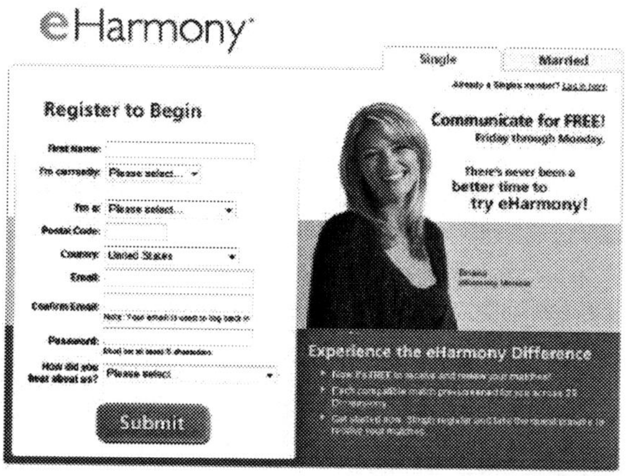

El sitio eHarmony (www.eharmony.com) –coincidiendo con una campaña televisiva que realizaron para ampliar su base de usuarios y clientes de su servicio *online* para encontrar pareja– decidió jugar con la variable tiempo para facilitar que cualquier usuario pruebe su servicio y se convenza de que vale la pena pagar por él. Ahora sí, solo de este viernes al lunes. Una estrategia sumamente persuasiva que justifica una campaña (incluso en televisión) para comunicar que tenemos un fin de semana largo para encontrar la pareja de nuestros sueños.

9. Cupones son amores

En una economía familiar cada vez más complicada, los cupones son un recurso comercial cada vez más utilizado. En Estados Unidos –el país de los cupones– un 72% –según un estudio de Prospectiv realizado con 1.386 consumidores– usa cada vez más los cupones.

En la misma tienda o sucursal, dar un cupón con un descuento o incentivo si se produce el deseado registro *online* (durante un reducido período de tiempo) o incluso forzar un registro en ese mismo instante nos parece una muy buena idea. Comprar un iPod en una tienda de Apple y recibir pocos segundos después un correo electrónico en la Blackberry algunas canciones de regalo si nos registramos en el servicio iTunnes produce un efecto comunicativamente muy potente que podría utilizarse mucho más para crear sensación de urgencia entre un canal *online* y un canal offline.

El cupón es un vehículo poco explotado para buscar un mayor juego entre canales, especialmente para hacerlo de manera que incentivemos al usuario a cerrar una compra en el menor tiempo posible.

10. Ofertas exclusivas online

Los internautas empezamos a acostumbrarnos a que Internet debe ser un canal más eficiente ya que los costes de atención son sumamente más bajos y, por tanto, deben haber descuentos importantes y ofertas exclusivas si se contratan los productos o servicios en la red. Aunque supone claros conflictos de canal, cada vez nos acostumbraremos más a leer: «Solo si lo contratas por Internet».

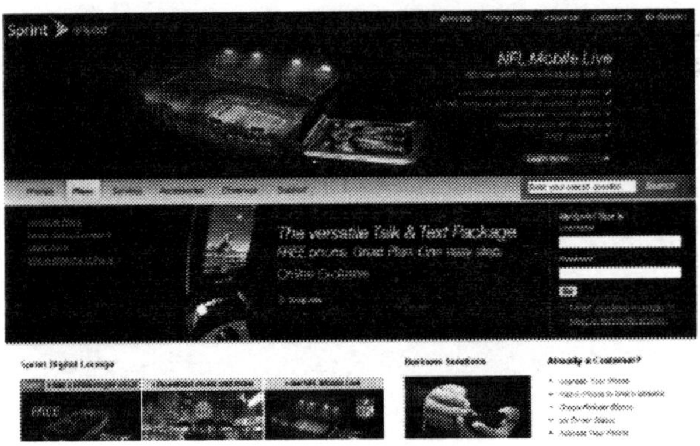

Sprint (www.sprint.com) es uno de los operadores de telefonía móvil que desde hace más tiempo está experimentando con promociones «*online exclusive*».

En la dirección http://www.persuabilidad.com/ofertasexclusivas puedes ver muchos más ejemplos de ofertas exclusivas para el canal Internet.

11. La urgencia implícita

Dejar claro que nuestro producto o promoción no estarán ahí toda la vida de una manera más sutil e implícita puede también ayudar a mejorar nuestros resultados. Cuando utilizamos la variable tiempo para transmitir –por ejemplo– que estos 20 productos están con el mejor precio del mercado durante toda la mañana. O cuando decimos: «Descárgate GRATIS la versión beta de nuestro software hasta nuestro lanzamiento oficial» estamos trasmitiendo urgencia de una manera indirecta sin concretar fecha exacta alguna.

Transmitirle al usuario el dinero que está perdiendo cada minuto por no contratar nuestros servicios podría ser otro buen ejemplo de urgencia implícita.

Tener un posicionamiento de exclusividad provocará en nuestro usuario una sensación de urgencia debido a las escasas unidades que supuestamente debe haber de cada producto.

12. Poniendo el caramelo en la boca

En determinados tipos de presencias *online* –ya sean páginas web de contactos, redes sociales o sitios con contenidos para adultos– aprovecharnos del *momentum* puede jugar en nuestro beneficio para conseguir la realización de una determinada acción por parte del usuario. El siguiente ejemplo nos ayudará a entender mejor este eje para crear sensación de urgencia.

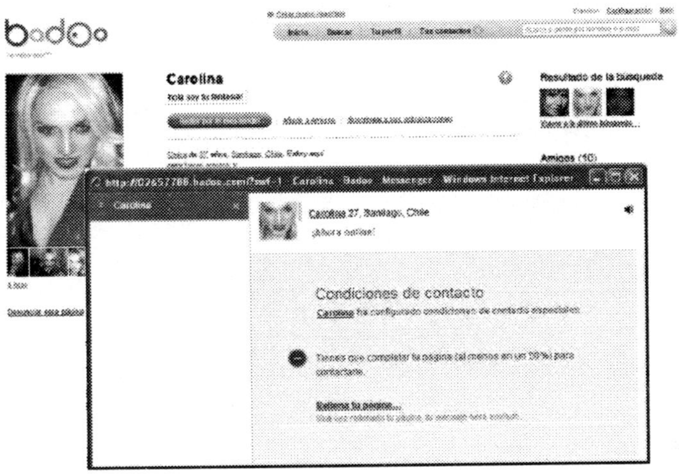

Una manera más ingeniosa de poner el caramelo en la boca es la que podemos ver en Badoo (www.badoo.com), uno de los mejores ejemplos de Web 2.0 con una experiencia de uso sencilla y muy visual. Una vez has creado tu perfil, te ofrecen una aplicación francamente interesante: la opción de chatear con usuarios del sistema. El problema es que para poder contactarte con una chica o chico que esté *online* –por condiciones de ese usuario– debes completar tu ficha en un determinado porcentaje. Francamente persuasivo para conseguir que sus usuarios tengan fichas cada vez más completas.

13. Hoy tenemos en oferta…

Cada vez es mayor el número de tiendas *online* –la tienda de Orange, por ejemplo– que experimentan con la oferta o promoción del día como gancho para provocar una compra casi inmediata. El modelo es tan persuasivo que existen múltiples tiendas en la red que solo venden un producto al día. Woot es su mejor referente.

Woot (www.woot .com) respira persuabilidad por todos lados:

- *Scarcity* (o escasez) al máximo: Solo tienes 24 horas para comprar el producto y hay un número limitado de unidades en venta
- Llamada a la acción: Un botón con el texto «I want one» describe de la mejor de las maneras el deseo que sienten muchos clientes tras conocer el producto que están ofreciendo
- Testimoniales sinceros y creíbles en los comentarios que realizan los usuarios en su blog, al mismo tiempo que se produce en pocas horas un diálogo muy interesante entre sus usuarios con dudas y explicaciones del producto en cuestión
- Buena visualización del producto y de su precio
- Feed RSS para saber, en cuanto se abra el navegador cada día, qué producto está en venta
- Derivación del modelo a determinadas categorías muy interesantes como vinos o camisetas
- Registro para estar a un clic de la compra del producto
- Estadísticas actualizadas al minuto sobre cómo se está comprando el producto
- Cuando el producto se liquida durante el día, aparece un cartel diciendo «*Sold out*»

14. Aprendiendo de la teletienda

Mirando teletienda a altas horas de la noche sentados en nuestro sofá podremos desarrollar nuestro olfato comercial más agresivo. Un buen ejemplo es la televenta del Sit-Down Sit-Up Gym, un sistema para recuperar los músculos abdominales que nunca tuvimos. La televenta nos intenta persuadir:

- Atacando nuestro dolor *(pain)* a través de una propuesta de valor diferencial: «¿Estás cansado de esos pliegues en tu cintura? Tenemos la solución definitiva que desde tu hogar con el mínimo esfuerzo te permitirá mejorar radicalmente tu figura»
- Objetivando su discurso: «Demostrado científicamente, con Sit-Down Sit-Up Gym cada abdominal tiene la efectividad de 10 abdominales»
- Mostrando los resultados claramente con el antes y el después de muchos otros antes de haber empezado a utilizar el producto: «Perdí 5 centímetros de cintura»
- Con testimoniales, testimoniales y más testimoniales. «Es asombroso». «Cambió mi vida»
- A través de la magia de las imágenes, combinando modelos y monitores con personas del pueblo que hayan mejorado drásticamente su figura
- Con el teléfono siempre visible y dando las máximas opciones siempre de contacto
- Dando respuesta a múltiples arquetipos (para los que no tienen tiempo, para los que les carga hacer más ejercicio de lo exigido, para los que se exigen siempre más...)
- Sin mostrar el precio hasta demostrar hasta la saciedad los beneficios del producto
- O con todas las opciones de pago, incluso por cuotas

Pero, lo que más poderosamente llama la atención es cómo crean sensación de urgencia con el «Llama ahora y obtendrás...», «Los 50 primeros que llamen al teléfono... obtendrán además de regalo...». ¿No es hora de experimentar con algún tipo de incentivo si eres de las próximas 10 personas que compren este determinado producto o lo haces antes de los próximos 30 minutos?

15. Creando urgencia en tu correo electrónico

Utilizar reglas que nos permitan acercarnos a nuestros usuarios en determinadas ocasiones nos parece algo sumamente interesante. Un momento más que oportuno puede ser cuando un usuario del que ya disponemos su correo electrónico ha incluido algunos productos en su carro de compra pero finalmente no ha materializado su adquisición. Otro momento inteligente puede ser cuando podemos ofrecerle algunos días después un mejor precio a un determinado vuelo que ha estado buscando en nuestra página web pero que finalmente no le convenció lo suficiente.

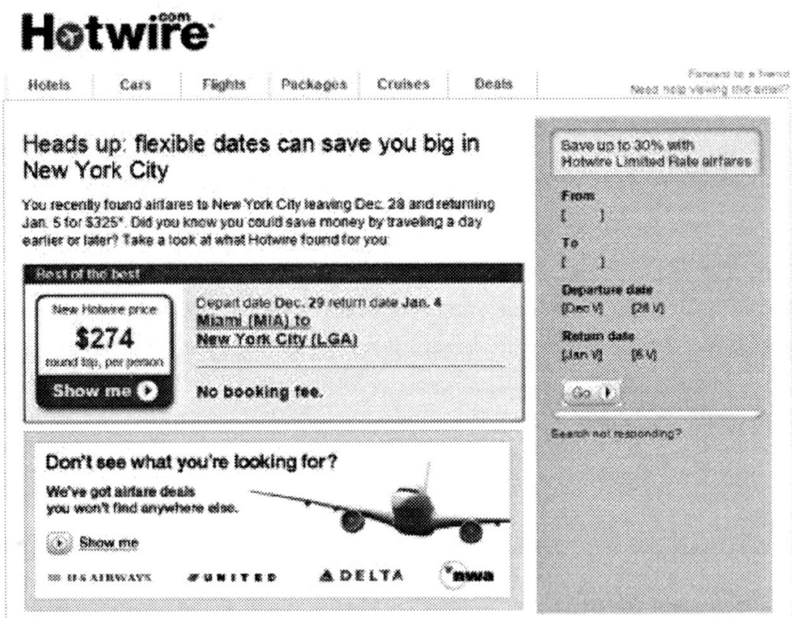

Si en algún momento has realizado una búsqueda de un vuelo en Hotwire (www.hotwire.com) y finalmente no compraste, es probable que te escriban cada vez que encuentre mejores condiciones para el pasaje que estabas buscando. Sumamente sutil y muy inteligente.

8

Puesta en práctica

¿Por dónde empezamos?

Ahora que ya conocemos qué es lo que tenemos que hacer para dotar a nuestros sitios de mayor persuabilidad, la primera pregunta que nos surge es: «¿Por dónde empezamos?».

Dependiendo del momento en el que nos encontremos, debemos abordar un proceso u otro para el replanteamiento y mejora de nuestra presencia *online*. Desde nuestra experiencia en la realización de proyectos, existen *a priori* tres posibles escenarios:

Escenario 1: «Sabemos que tenemos muchas cosas que mejorar pero no sabemos por dónde empezar».

Escenario 2: «Nuestra presencia *online* necesita un replanteamiento completo».

Escenario 3: «Estamos contentos con lo que tenemos pero queremos empezar a afinar páginas muy concretas de nuestro sitio».

En cada uno de los hipotéticos escenarios, el modo en el que debemos enfocar nuestros proyectos de páginas web será distinto y de ello dependerá la metodología que utilizaremos para llegar a nuestros objetivos. Veamos en cada caso, cuál es el mejor modo de abordar las mejoras de nuestra presencia *online*.

Escenario 1. «Sabemos que tenemos muchas cosas que mejorar pero no sabemos por dónde empezar.»

Ante todo, necesitamos un buen diagnóstico.

Si somos conscientes de que podemos mejorar muchas cosas de nuestro sitio pero aún no tenemos muy claro cuáles son estos elementos, lo que recomendamos para empezar es la realización –con la ayuda de un experto o por nuestra cuenta– de un diagnóstico con el objetivo de conocer el potencial de mejora de nuestra presencia *online*.

Para conseguir un diagnóstico de nuestro sitio, listemos –entre todos los elementos clave que hemos encontrado en el libro de persuabilidad– aquellos que tienen mayor relevancia en nuestra industria para ayudarnos a convencer a nuestros usuarios.

Una buena guía de ayuda pueden ser los múltiples estudios sectoriales que sobre persuabilidad hemos realizado desde Multiplica.[24]

Así, por ejemplo, en el negocio de banca *online* se analizaron las páginas web públicas de los 40 bancos principales de España, Estados Unidos, Reino Unido y Latinoamérica para conocer cuáles estaban ejerciendo mayor persuabilidad desde sus sitios. Para el diagnóstico de cada sitio en particular, se definieron un total de 186 parámetros a evaluar en función de los elementos que se encontraban en la página web y el modo en el que estaban representados:

El listado de parámetros nos permitiría entender qué cosas estábamos haciendo bien y que otros elementos podíamos mejorar, cuantificar cómo estábamos –aunque pudiese haber algo de subjetividad– y, sobre todo, compararnos con nuestra competencia más directa o nuestros referentes internacionales, era lo que nos podía dar una magnitud más realista sobre nuestra capacidad de mejora.

En Multiplica, una vez que tenemos identificados estos parámetros de una determinada industria, le damos un valor a cada categoría, ponderando cada una de 1 a 3 en función de la importancia que le otorguemos en el proceso de persuabilidad. A su vez, también se pondera cada uno de los parámetros dentro de la categoría siguiendo los mismos criterios. La puntuación de cada uno de los factores se realiza con valores del 0 al 3 en función de: 0 puntos cuando no se soluciona el parámetro en cuestión, 1 punto si se soluciona, 2 puntos si se soluciona de manera óptima y 3 puntos si se hace de manera excelente y constituye claramente una *best-practice*.

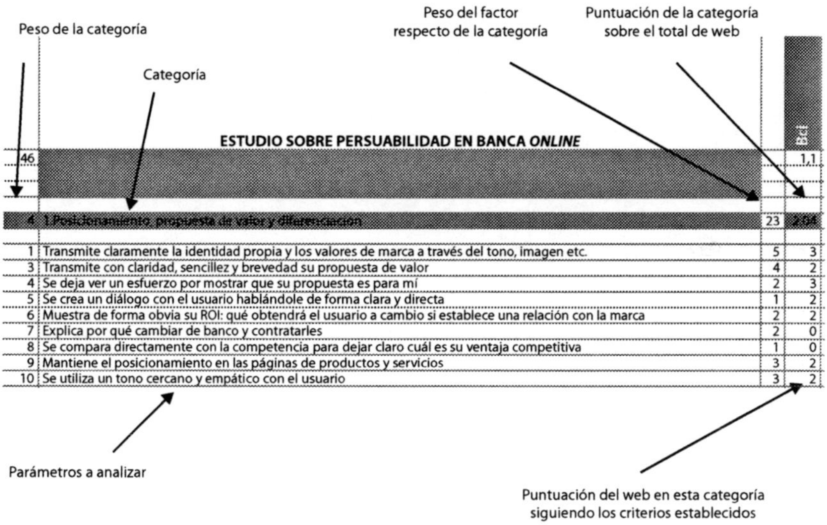

Esta sencilla metodología nos permite conocer cómo estamos frente a competidores y referentes así como a tener una visión más amplia para constatar nuestros puntos fuertes y débiles con mayor claridad y definir un plan de acción.

En la dirección http://www.persuabilidad.com/plantillasparadiagnostico puedes hacer uso de algunas de nuestras plantillas ya preconfiguradas.

Y ahora… ¿qué hacemos?

La fase de diagnóstico ya ha terminado y ya podemos hacer un balance entre puntos fuertes y puntos débiles. Sí, ahora estamos preparados para responder a la pregunta de qué es lo que necesita nuestro sitio: si un replanteamiento completo (en este caso situémonos en el escenario 2) o bien pequeñas mejoras muy concretas (situémonos directamente en el escenario 3).

Escenario 2. «Nuestra presencia *online* necesita un replanteamiento completo».

Ante grandes cambios en nuestra página web, nos encontramos con la necesidad de realizar un replanteamiento completo de la misma. Entonces es cuando nos surgen las grandes dudas de «¿cómo podemos aplicar los consejos e ideas de persuabilidad que aparecen en el libro?», «¿cuáles son las mejores ideas a aplicar en mi proyecto?», «¿cómo se que en mi caso van a funcionar?».

Para ello, debemos confiar principalmente en nuestro sentido común para plantear una metodología de trabajo que nos permita –paso a paso– ir aterrizando tantas ideas o conceptos.

Paso 1: Puesta en marcha: lo primero es lo primero

Lo más importante para empezar el proyecto es marcarse los objetivos que se quieren conseguir con el replanteamiento –qué problema/problemas queremos solucionar, qué necesidades tenemos...–, a qué target queremos dirigirnos, recabar toda la información necesaria para ello y establecer un calendario de trabajo que contemple todos los hitos a conseguir.

¿Cuáles son nuestros objetivos?

- Conocer la problemática del proyecto y los objetivos que se persiguen, así como el punto de partida y las expectativas del proyecto que se inicia
- Conocer las limitaciones técnicas y estratégicas, así como el margen de maniobra y libertad en el nuevo proyecto
- Definir el calendario de trabajo y los interlocutores con los que habrá interactuar en el proyecto

¿Qué tareas debemos realizar?

- Recopilación de la información necesaria: documentos estratégicos, datos estadísticos, etc.

- Organigrama y estructuración, identificación de personas clave para el proyecto y para la toma de decisiones
- Concreción del calendario de trabajo

Paso 2. Trabajo de campo: investigar para descubrir

A lo largo del libro, nos hemos centrado en la importancia de ofrecer a nuestros usuarios aquello que más se adecue a sus expectativas. Para conocer sus expectativas así como las necesidades que tienen en nuestros sitios, podemos emplear diferentes técnicas de investigación tanto cuantitativas como cualitativas. En función de los objetivos que persigamos, deberemos utilizar una técnica u otra. Aquí algunas posibles propuestas:

A. Encuestas *online*
B. Pruebas de usabilidad
C. Entrevistas en profundidad
D. Focus groups
E Webtracking
F. Benchmark
G. Análisis de personas y arquetipos

En la dirección http://www.persuabilidad.com/trabajodecampo puedes obtener más información sobre cuándo aplicar qué metodología.

Paso 3. Definición estratégica y propuesta de valor

Una vez finalizada la fase de investigación o trabajo de campo, ya disponemos de la información necesaria para definir y priorizar la estrategia de la nueva página web así como la propuesta de valor.

¿Cuáles son nuestros objetivos?

- Sentar las bases estratégicas sobre las cuales desarrollar nuestra nueva presencia en la red.

- Entender a qué necesidades se pretende dar respuesta para cada uno de los públicos objetivos a los que nos vamos a dirigir.

¿Qué tareas debemos realizar?

- Definición de la propuesta estratégica.
- Definición de la propuesta de valor.
- Detalle concreto de cómo se desarrolla la propuesta de valor entre los contenidos, servicios y funcionalidades para cada segmento objetivo.

Paso 4. Arquitectura: la resolución de las propuestas

El último paso que proponemos para el replanteamiento de un sitio es la arquitectura y la creación de los prototipos de lo que será la nueva página web. Una vez definidos los contenidos y funcionalidades que va a tener nuestro sitio, hay que agruparlos, nombrarlos y darles una estructura. Para eso crearemos primero un árbol de contenidos y posteriormente una arquitectura dónde se definirá la navegación y prototiparemos las páginas principales.

En la dirección http://www.persuabilidad.com/prototipos puedes ver ejemplos de prototipos y wireframes que hemos realizado desde Multiplica.

Caso práctico

Sanitas aumentó un 144% de los leads de seguros médicos con el rediseño de su sitio

Sanitas, compañía líder en España en cuanto a clientes de seguros privados de asistencia médica y salud, nos pidió una redefinición de su sitio con los objetivos de consolidar su liderazgo online, *rehacer la estructuración de contenidos para adaptarlos al modelo mental del usuario, mejorar la experiencia del usuario y dotar el discurso corporativo de la empresa de una visión más comercial.*

Para conseguirlo, nos planteamos una primera fase de investigación que nos permitiera conocer más y mejor la visión interna de Sanitas sobre el papel de la compañía en Internet, así como los objetivos estratégicos del proyecto. Además, planteamos un análisis de la competencia en sanidad privada a nivel nacional e internacional, así como una reflexión sobre los diferentes arquetipos que visitan el sitio de Sanitas y sus necesidades y un ejercicio de Card Sorting o agrupación de tarjetas para entender la lógica de los usuarios a la hora de nombrar y etiquetar los diferentes productos de la compañía. Asimismo reflexionamos sobre el tono de comunicación de la compañía en Internet, a la vez que realizamos un trabajo de los copys *de los diferentes seguros y servicios que ofrece Sanitas.*

Todo para terminar con un árbol de contenidos, flujos de navegación y los prototipos de las principales páginas y procesos del sitio.

Para ello, se buscó la simplificación de la estructura y contenidos de la página web, diferenciando muy claramente los perfiles que entran en ella (clientes y no clientes) y sus necesidades, así como la buena visualización de los diferentes seguros y servicios de la compañía y el fácil acceso a ellos reduciendo el número de clics necesarios para llegar a la información básica.

También se buscó potenciar la sensación de control de los usuarios en el sitio, orientándolo a agilizar las principales tareas que se pueden realizar: buscar un médico del cuadro médico, conocer el precio de un seguro, encontrar información de la oferta de Sanitas, contratar un producto online *o bien entrar en el área privada para realizar diferentes gestiones.*

A la vez, se revisaron los procesos clave del sitio en cuanto a cifras de conversión (calculador de precio y proceso de contratación de los diferentes seguros de salud) para dotarlos de mayor agilidad reduciendo el número de pasos y de campos a rellenar y acercando el lenguaje al de los usuarios.

Para conseguir mayor empatía de la marca Sanitas con sus usuarios en Internet se realizó un trabajo en el tono de comunicación y copys *en el que se buscaba en todo momento conseguir una mayor cercanía entre la marca y el usuario. Para ello se trabajó con la simplicidad utilizando frases cortas y claras en la explicación de todo el universo Sanitas, alejándonos de la jerga médica y de los tecnicismos. En el desarrollo de los textos de los seguros y servicios se incidió en el enfoque de sus ventajas. Asimismo se trató de buscar la respuesta a las preguntas que se hacen los usuarios en el momento de informarse de un producto.*

Con la implantación del nuevo sitio, Sanitas consiguió un claro aumento en sus ratios de conversión:

- *Aumento de un 144% de los leads de seguros médicos*
- *Aumento de un 1215% de los leads de servicios de salud*
- *Aumento de un 37% de los clientes registrados en el portal*
- *Aumento de un 77% del uso de los servicios de la página web «en abierto»*

En la dirección http://www.persuabilidad.com/casospracticos puedes ver en más detalle el caso de Sanitas y muchos otros casos prácticos con el antes y el después.

Escenario 3. «Estamos contentos con lo que tenemos pero queremos empezar a afinar páginas muy concretas de nuestro sitio».

En nuestro último escenario planteado, la recomendación es muy concreta: veamos qué páginas son las que pueden condicionar en mayor medida nuestros resultados y pongamos más énfasis en cómo planteamos mejoras realizando pruebas multivariantes que nos permitan experimentar algunos de los consejos o ideas que hemos ido viendo a lo largo del libro.

Hasta la fecha, en esta Internet de los picapiedras –y si no ya veremos cómo en 10 años nos reiremos de los primeros pasos dados– nuestra intuición, algo de experiencia y mucho de copiar-pegar han prevalecido para plantear mejoras que nos ayudan a incrementar nuestros ratios de conversión y a obtener mejores resultados *online*.

No obstante, en los últimos años, hemos empezado a ver cómo adquiere absoluto protagonismo una disciplina clave para entender qué está sucediendo en nuestras páginas web: la medición *online* o el web analytics.

La irrupción de Google Analytics –hace ya algunos años como herramienta completamente gratuita, basada en tags y muy sencilla de implementar y utilizar– representó el despegue de la medición *online* como área de trabajo que nos permitiría más fácilmente entender determinados aspectos clave de nuestra presencia *online*: páginas con mayores niveles de abandono inmediato, fugas a lo largo de nuestro proceso de *check-out*, palabras que nos generan el tráfico con mayores probabilidades de conversión, etc.

Esto no es más que el principio y son múltiples las soluciones que aparecen en el mercado que nos permiten ir mucho más allá de una medición pasiva que únicamente nos dice cómo evolucionan nuestros principales indicadores, a una medición activa que nos permite probar y optimizar nuestra presencia *online* de una manera mucho más sofisticada.

La industria del web analytics parece que seguirá evolucionando en los próximos años y son cuantiosas las sorpresas que esperamos ver en un futuro cercano. Apuntamos aquí doce de ellas:

1. **Una mayor complejidad técnica en la captación de datos,** provocada en parte por la irrupción de la telefonía móvil como punto de contacto con la red, las nuevas formas de distribuir contenido (XML, RSS…) pero sobre todo por la aparición de desarrollos en Ajax que enriquecen el nivel de interacción de toda presencia *online* a costa de hacer un poco más complejo el tracking de eventos que los internautas empiezan a utilizar ya a diario *(drag, zoom, view…)*.

2. **La paulatina muerte de la página vista** como eje central de la medición de Internet tras la consolidación de la Web 2.0 y su impacto en la lógica de construcción de páginas web.

3. **La clara consolidación de soluciones de web analytics,** principalmente provocada por la gran acogida de Google Analytics y las buenas prestaciones que ofrece, dejando poco espacio a herramientas que no vayan más allá del análisis. El mercado girará en torno de Omniture como claro líder en soluciones avanzadas y Google Analytics como solución intermedia.

4. **Nuevos informes y funcionalidades.** Google Analytics, Gatineau o soluciones de web analytics en código abierto solo permiten al resto de soluciones a entrar en una carrera frenética para ofrecer nuevas fun-

cionalidades e informes si quieren sobrevivir en un mercado altamente competitivo.

5. **Habrá web analytics incluso debajo de las piedras.** Son múltiples movimientos que apuntan que el mundo del web analytics tendrá cada vez más peso en aquellos ámbitos donde medir es relevante. Servidores de publicidad, gestores de contenidos, aplicaciones de marketing o CRM tendrán mejores soluciones de analítica web.

6. **Del web analytics al actionable web analytics,** donde cada vez daremos más importancia al análisis y a la toma de decisiones y menos al *reporting* o suministro de informes (entendiendo que los datos no nos ayudan a saber qué debemos hacer por ellos mismos y debemos dedicar más tiempo a interpretar y concluir).

7. **Con mayor protagonismo de técnicas cualitativas** que nos ayuden a entender por qué el usuario se comporta en nuestra presencia *online* como se comporta.

8. **De invertir en soluciones a invertir en personas.** El reto de la industria está en encontrar y formar profesionales que puedan sacar provecho a las amplias prestaciones de las soluciones actuales en analítica web.

9. **Con objetivos, con hitos y responsables.** Cada vez más, nos deberemos obligar a plantearnos hitos mensuales y a establecer responsables para cada una de las métricas más relevantes que tenemos. Ello nos hará aprender y reflexionar, entender nuestras prioridades y alinear a todo nuestro equipo y colaboradores.

10. **Sincronizando multicanalidad y datos descentralizados.** El reto está en integrar la analítica web con todos aquellos canales con los que nuestra presencia *online* se relaciona y a crear data warehouses que guarden y relacionen informaciones de múltiples medios y canales.

11. **La foto completa: el negocio inducido.** La Web se está convirtiendo en el mejor pulsómetro de nuestro negocio (*search analytics*, preferencias...) y cada vez más entenderemos el web analytics como vehículo para ofrecer pistas acerca de la evolución de las necesidades de nuestros consumidores y clientes.

12. **Test A/B y test multivariantes por doquier.** Irrumpe en escena las técnicas de test A/B o multivariantes con Google Website Optimizer como técnica para entrar en una dinámica de mejora continúa.

Google –en un intento de tener clientes cada vez más fieles e inteligentes– no deja de sorprendernos con soluciones absolutamente formidables y completamente gratuitas. En este sentido, Google Website Optimizer será una herramienta que todo aquel que quiera mejorar sus resultados *online* acabará utilizando tarde o temprano.

Realizar tests en una página web.

Testar, en el contexto de una página web, consiste en poner a prueba diferentes versiones de uno o varios contenidos en tiempo real a medida que una muestra o la totalidad de nuestros usuarios interactúan con alguna de las versiones que probamos. Ello nos permite ver cuáles de las versiones que ponemos a prueba con usuarios reales generan los mejores resultados. Los resultados pueden ayudarnos en gran medida a aumentar nuestros ratios de conversión.

No es de extrañar que realizando un experimento en una página consigamos aumentar el 200%, el 300% o incluso el 600% en la realización de una determinada acción. Sin ir más lejos, en uno de los últimos experimentos multivariantes realizado desde Multiplica para Construmática (www.construmatica.com) el portal líder de construcción en España con más de 500.000 usuarios únicos, las cifras de conversión de su buscador después de los cambios introducidos llegaron a aumentar hasta un 680% sus niveles de uso. Pequeñas mejoras en el proceso de alta en

Mybestplay (www.mybestplay.com), el punto de encuentro *online* por excelencia de jugadores, clubes, entrenadores y representantes mejoró un 380% los registros.

En la dirección http://www.persuabilidad.com/testmultivariantes puedes ver en más detalle los ejemplos aquí citados y otras pruebas muy interesantes.

Al realizar un test o experimento, debemos considerar tres elementos:

1. *El sitio o página a probar.* Sus niveles de tráfico están directamente relacionados con el tiempo requerido para obtener resultados estadísticamente válidos. Obviamente, a mayor tráfico menor tiempo precisaremos para completar el experimento.
2. *Variaciones del contenido.* Para cada sección que se quiera probar (encabezado, imágenes, banners, botones, textos o llamados a la acción) se deben crear diferentes alternativas. El experimento consiste en probar las combinaciones que resulten de componer las distintas secciones y sus variaciones. El experimento puede ser factorial completo sobre todas las combinaciones o factorial fraccional sobre una parte de estas. El número de combinaciones a probar afecta la duración del experimento. Probar menos alternativas permite obtener resultados en un menor tiempo.
3. *Objetivo a completar por parte de los visitantes.* No se puede comparar el rendimiento de las distintas combinaciones sin tener un objetivo y un indicador para medirlo. Por ejemplo, la tasa de conversión (una de nuestra obsesiones en Multiplica) en este caso es el porcentaje de visitantes sobre el total de los que se exponen a cada combinación que completa una acción dada (comprar, llenar un formulario, recomendar la página a un amigo u otra cosa).

Test A/B o Split Test y Test Multivariante.

Test A/B o Split Test: Es la opción más simple en la realización de este tipo de experimentos. Solamente se ponen a prueba dos alternativas (la «A» y la «B», de ahí su nombre). El tráfico que alimenta la prueba es distribuido de manera aleatoria y en igual cantidad entre las dos opciones y luego se miden los resultados de ambas sobre la tasa de conversión.

Ejemplos de este tipo de prueba son: probar dos versiones de un encabezado o dos banners distintos.

Por otro lado, en un test multivariante ponemos a prueba distintas versiones (cientos o miles de variaciones) de una página web. Cada variación es el resultado de combinar distintas alternativas para cada área de la página. Estas secciones equivalen a variables de experimentación y las diversas alternativas son los diferentes valores que la variable puede tomar.

Ejemplos típicos de áreas que se pueden modificar son, al igual que en el caso del test A/B, el encabezado, imágenes, banners, botones, textos y llamadas a la acción. Para cada una de las áreas que se consideren deben definirse al menos dos alternativas, y luego dependiendo del número de áreas y de alternativas que se consideren, el número de combinaciones puede estar por encima de mil.

El tiempo requerido para finalizar la prueba con resultados estadísticamente válidos depende del número de combinaciones (también afecta el nivel de tráfico). Por esto en muchos casos se puede recurrir a métodos de diseño de experimentos que reducen el número de combinaciones a probar.

Uno de los métodos más utilizados es el de experimentación factorial fraccional de TAGUCHI.

Tagu.. ¿qué?

Genichi TAGUCHI es un ingeniero japonés que hizo grandes aportes a la disciplina del diseño de experimentos multivariantes. A partir del 1950, sus métodos revolucionaron los principios estadísticos utilizados en el diseño de este tipo de experimentos.

Sus métodos permiten reemplazar un análisis factorial completo (en el que se prueban todas las combinaciones posibles) por uno factorial fraccional en el que se prueba solo una parte de éstas al definir un arreglo con el menor número de combinaciones necesarias para llegar a conclusiones estadísticamente válidas.

La aplicación del método de TAGUCHI en los tests de contenido Web cuenta con detractores que argumentan que no es posible aislar la interacción entre variables *a priori*, que es uno de los supuestos del método y que muchas veces se debe iterar varias veces utilizando distintos arreglos de combinaciones hasta llegar a un resultado de haga sentido.

Al igual que en el test A/B tendremos un objetivo y un indicador o tasa de conversión para comparar el rendimiento de las combinaciones. Aplicamos el ejercicio distribuyendo el tráfico que llega a la página y que destinamos a la prueba de manera aleatoria y uniforme entre todas las opciones.

Para el caso del test A/B, aunque no lo recomendamos, la prueba se puede realizar en forma secuencial, es decir se prueba el contenido «A» por un periodo de tiempo y luego el «B». No nos parece el método más acertado puesto que estamos seguros que existe una altísima probabilidad de llegar a conclusiones erróneas producto de las variaciones en la cantidad y calidad de tráfico entre periodos diferentes. La temporalidad de un producto también condicionará en este caso la prueba. En el caso del test multivariante, dado el alto número de versiones del contenido, la única opción válida para su aplicación es en paralelo y en tiempo real.

Tanto el test A/B como el multivariante son herramientas que permiten optimizar los sitios para mejorar su rendimiento. El multivariante ofrece mayores posibilidades pero también requiere más trabajo para implementarlo. Hoy estamos en un momento suficientemente maduro como para experimentar en la realización de este tipo de tests. Sin duda, la irrupción de Google Website Optimizer nos facilitará mucho como veremos el camino.

¿Por qué Google Website Optimizer?

Aunque existen varias herramientas para realizar el test A/B y el test multivariante, solo Google Website Optimizer (GWO, en adelante) es gratuito. Del resto de soluciones te daremos detalles más adelante. Ahora centrémonos en cómo funciona y cómo sacarle el máximo provecho.

Nuestra recomendación: ¡No esperes más! Prueba GWO, es gratis y te permitirá dimensionar el impacto del testing en tus tasas de conversión y optimizar los resultados de tu página web. Solo debes acceder a tu cuenta de Adwords de Google. Luego, aprovechando lo aprendido, podrás evaluar otras herramientas de pago con más antecedentes y sacarles el máximo provecho.

1, 2, 3, testar. ¿Por dónde empezamos?

1. ¿Qué página testar?
   Para realizar el experimento escoge una página de tu sitio que esté vinculada con el objetivo que quieras medir, que tenga tasas de abandono inmediatas importantes y, en lo posible, con un nivel de tráfico que te permita el menor tiempo de ejecución de la prueba. Si estás llevando a cabo alguna campaña de Adwords la página de destino es un excelente lugar en el que realizar la prueba.

2. ¿Cuál es el objetivo del test?
   Debemos definir un objetivo para el que se calculará la tasa o ratio de conversión con la que compararemos el rendimiento de cada una de las combinaciones. De gran ayuda será el artículo de Enric Quintero –experto indiscutible en medición *online*– titulado «Buscando el indicador perfecto», que encontrarás más adelante.
   Al igual que en el punto anterior, debemos recordar que el tiempo transcurrido hasta tener un experimento con resultados estadísticamente válidos dependerá de la tasa de conversión actual y de las mejoras que se puedan introducir.
   Para poder medir tasas de conversión sobre acciones en lugar de visualizaciones de páginas se deberá instalar el tag o marca –como veremos– de GWO dentro del código que es ejecutado por la acción que se quiere medir. En el caso de tener más de un objetivo, se podrá utilizar el código de seguimiento en todas las acciones

a medir y GWO las sumará para obtener una tasa de conversión consolidada.

3. ¿Qué secciones modificar?
   Típicamente se hacen variaciones sobre secciones o contenidos de alta visibilidad y que pudieran tener alto impacto en los visitantes. Estas secciones son normalmente el encabezado, imágenes, banners, botones, textos o llamadas a la acción. También, más adelante te daremos algunas ideas de qué secciones a poner a prueba.
   En el caso de Google Website Optimizer se tienen las siguientes restricciones a la cantidad de secciones y variantes:

   a. Número máximo de secciones por prueba es 8.
   b. Hasta 127 variantes por sección, adicionales al contenido original.
   c. Limite de combinaciones posibles en una prueba es de 1.000 (donde el límite se calcula como la multiplicación de la variantes de cada sección).

Buscando el indicador perfecto

Por Enric Quintero

Aunque resulta difícil llegar a creer que con solo una cifra podemos determinar si una cosa se encuentra en buen o mal estado, la vida real nos ofrece diversos ejemplos de que puede ser así. La motivación del ser humano para clasificarlo todo, nos ha llevado a diversos estándares para determinar, por ejemplo, si una persona está sana o no (como el antiguo «diga 33» que pedía el médico o los 36,5º C de temperatura corporal), si una chica puede servir para la pasarela (medidas de vértigo: 90-60-90) o si un ser humano es maduro (18 años de edad).

Traslademos esta disertación a la Web: ¿existe un indicador capaz de mostrarnos lo bien o mal que está nuestro sitio? Precisamente esto será lo que trataremos de determinar aquí.

Bad news: no hay consenso

Una de las cosas que más abundan en Internet son los números y la facilidad para obtener cualquier tipo de medición de lo que pasa en ella.

Lo que *a priori* podría sonar como una ventaja, se convierte en un problema al intentar digerir toda esta información y convertirla en conocimiento siempre nos surgen las dudas: ¿En qué me tengo que fijar de mi página web? ¿Qué es lo realmente importante? ¿Cuál puede ser el candidato perfecto a indicador de mi sitio?

Si a esto le sumamos la poca madurez de la medición Web, en comparación con otras disciplinas, llegamos a la situación en la que nos encontramos hoy: no hay un consenso sobre cuál es el indicador que determina si mi sitio goza de buena o de mala salud.

Actualmente las asociaciones de publicidad, marketing y web analytics mundiales se están dedicando a establecer los estándares de medición web que más adelante nos servirán para determinar el indicador «elegido». Pero hasta entonces, ¿nos quedamos de brazos cruzados? En absoluto.

En busca del indicador perdido

Antes que nada, para obtener el indicador por antonomasia tendremos que diferenciarlo de otras mediciones con las que lo podríamos confundir.

El indicador que buscamos tiene que tener unas características muy concretas.

Este es su retrato robot:

a) No puede ser un simple contador
Precisamente esta primera cualidad va a hacer que desestimemos muchos posibles candidatos como los típicos usuarios únicos, visitas, páginas vistas, etc. El porqué radica en que estas cifras, al no estar contextualizadas ni encontrarse relacionadas con otras, no nos permiten establecer comparativas. Por ejemplo si dices que has obtenido 1.000 ventas no podemos saber si es bueno o malo ya que no podemos determinar el esfuerzo que ha supuesto obtener esas 1.000 ventas.
Como consecuencia ya podemos ir vislumbrando que nuestro indicador deberá ser un ratio que relacione dos o más mediciones.

b) Está ligado a los objetivos de la Web
Si queremos que realmente el resto de números se gire al ver pasar a nuestro indicador, deberemos enfocarlo para que nos hable sobre el éxito de lo que queremos conseguir en la Web.
Como podéis observar este sería un punto trampa, ya que hay tantos objetivos diferentes como diferentes sitios corren por Internet. Entonces, ¿no podremos obtener el indicador único?
La clave va a ser elegir un objetivo que toda página web persiga...
c) Debe empujar a la acción
Nuestro indicador no puede ser pasivo. Tiene que hacer levantar teléfonos, saltar alarmas y dejar de masticar el sándwich de atún que te comías.
Siguiendo la analogía médica, si tienes más de 36,5 ºC tu acción será la de tomarte una aspirina para restablecer la temperatura. Eso mismo es lo que debería conseguir el indicador que estamos buscando.
d) Debe ser comparable y aplicable para cualquier sitio
Igual que la temperatura corporal se puede aplicar a todo ser humano, la métrica web escogida debería tener el mismo efecto, independientemente del tipo de página web, su localización o su sector.

Los candidatos al Oscar son... KPI

Okey, pasemos a las presentaciones. Realmente podemos hablar de una serie de indicadores que cumplen con las características anteriormente descritas. Son los llamados Key Performance Indicators (KPI) o indicadores de negocio.

De entre ellos vamos a destacar los que a mi parecer son más interesantes:

I. Ratio de conversión

Definición:

Dejemos que la Wikipedia nos defina este término, que para eso está...

«In Internet marketing the conversion rate is the percentage of unique visitors who take a desired action upon visiting the website. The desired action may be submitting a sales lead, making a purchase, viewing a key page of the site, downloading a whitepaper, or some other measurable action».

En pocas palabras, el ratio de conversión muestra la efectividad que tiene tu sitio para convertir usuarios en aquella acción que tenga importancia para la página web (conseguir clientes, contactos, descargas, etc).

Cómo obtenerlo:

Se calcula dividiendo el total de acciones deseadas en la página web (ventas, envío de contactos, registros, etc.) por el número total de usuarios únicos que ha recibido tu sitio, en un periodo específico de tiempo.

Pongamos un ejemplo: Imaginemos que tienes una página web cuyo objetivo es que los usuarios dejen sus datos, para que más tarde un comercial contacte con ellos. Si llegan 1.000 visitantes únicos a tu página web en un mes y 10 de ellos acaban registrándose, tu ratio de conversión será del 1% ese mes (10 registrados / 1.000 usuarios únicos = 1% ratio de conversión).

La mayoría de herramientas de análisis web del mercado (evidentemente Google Analytics) calculan automáticamente este ratio tan solo con marcar convenientemente las páginas y en especial la página en la que se produce la acción deseada.

En este sentido, en la mayoría de las páginas web podemos identificar la consecución de este evento como una página de agradecimiento.

Aplicación:

Queda claro que con este indicador podremos determinar cómo afectan los cambios en la efectividad de tu página web para: vender, obtener registrados, descargar software, etc…

Es el indicador más de moda actualmente por su simplicidad de cálculo y su fácil entendimiento. Además cumple con los 3 requisitos que pedíamos: no es un simple contador, está ligado a objetivos y empuja a la acción. Entonces, ¿hemos encontrado la medición anhelada?

Lamentablemente, no se cumple el cuarto punto que hemos comentado antes y éste es uno de los factores que hace que el ratio de conversión no sea el indicador estándar de la salud de una página web, ya que varía mucho según diversas causas:

- Madurez de Internet en el país
  - USA y UK tienen ratios de conversión superiores (entorno al 8-10%) mientras que el resto se mueve en cifras muy inferiores (sobre el 2-3%) haciendo difícil comparar globalmente estas cifras.

- Sector al que pertenece la Web
  - Claramente las tiendas *online* son las que tienen ratios de conversión más altos, a mucha distancia de otros tipos de páginas web. Incluso dependiendo de cuál sea el tipo de objetivo, los ratios de conversión no tendrán nada que ver, ya que no es lo mismo intentar descargarse un software, que tratar de comprar una joya por Internet (evidentemente el ratio de conversión del software será mucho más alto).

- Diferentes métodos de medición usados
  - Hasta ahora y dada la cantidad de softwares de medición web existentes, cada sitio tenía una forma de medir el ratio de conversión (basado en *cookies* o no, con usuarios únicos o visitas, etc.) que hacía imposible unificar esta métrica. Gracias a Google Analytics se está estandarizando la forma de medir este indicador, mitigando el error de no medir con el mismo sistema. Aún así, una mala implementación de Google Analytics puede desvirtuar la medición obtenida.

Contraindicaciones:

Esto es lo que leerías en el prospecto del ratio de conversión: «¡Precaución!: Te puedes obsesionar fácilmente».
¿Qué queremos decir? Pues que este indicador tiene tanto poder que nos puede hacer tomar decisiones erróneas, por intentar corregirlo.
Imaginemos que el ratio de conversión cae un 5%, saltan todas las alarmas, vienen los SWAT y sientes el punto de mira láser en tu cabeza. ¿Realmente hay que hacerle tanto caso?
Pues la respuesta es no. Si revisamos su definición nos dice que es igual al número de eventos realizados que perseguimos mediante nuestra página web, dividido entre todos los usuarios de mi sitio.
Ahí tenemos la clave, ¿«todos los usuarios de mi sitio» tienen la intención de realizar ese evento? La realidad será que no. Como mínimo un 50% de los que entran a tu página web lo harán por curiosidad, por equivocación, para obtener información, para mil cosas antes que para hacer el evento que has marcado como objetivo.
Por tanto, para tener un ratio de conversión fiable no deberíamos contemplar todos los usuarios sino solo los que tienen la intención de realizar el evento objetivo.
Eso nos hace concluir con dos cosas, una positiva y otra negativa:

- Tienes un ratio de conversión «real» más alto de lo que pensabas
- El ratio de conversión «global» no nos sirve como indicador entre sitios

II. Ratio de abandono

Definición:

A la sombra del ratio de conversión tenemos una métrica que quizás sea mejor incluso que ésta, el ratio de abandono.
Su definición sería: porcentaje de usuarios que no acaban haciendo un pedido tras introducir productos en el carrito de la compra.

Decimos que es mejor que el ratio de conversión ya que en este indicador solo contemplamos personas con una intención determinada (comprar) con lo cual es mucho más restrictivo.

De la misma manera podríamos cambiar la intención «comprar» por cualquier otra como «descargar», «compartir», etc., transformando el indicador según nuestras necesidades pero siempre partiendo de usuarios dentro de un proceso con una misma intención.

Podemos tener diferentes variaciones de la misma métrica como son:

- *Cart abandonment rate* como el porcentaje de usuarios que no inician el *check-out* a pesar de haber añadido productos al carrito
- *Check-out abandonment rate* como el porcentaje de usuarios que a pesar de iniciar el *check-out* no acaban materializando el pedido

Cómo obtenerlo:

Ratio de abandono o *site abandonment rate* (en porcentaje) = 1 – (número total de compras realizadas en la página web / total de clics a añadir al carrito de la compra).

Otra definición podría ser:

Ratio de abandono (en porcentaje) = 1 – (número total de usuarios que realizaron compras en la página web / total de usuarios que añadieron productos al carrito de la compra).

Aplicación:

Entender y medir estos ratios es significativo pues nos describen realidades distintas:

- El *site abandonment rate* podría ser el indicador a mejorar ya que nos muestra una intención no materializada. Los siguientes sirven para acabar de aclarar el porqué de la no materialización

- El *cart abandonment rate*, por ejemplo, nos habla de usuarios que no han decidido todavía realizar una compra
- El *check-out abandonment rate* nos habla de usuarios que a pesar de haber tomado la decisión no la materializan. Obviamente este segundo ratio es el que debería acercarse a 0. ¿Los motivos? Múltiples si hacemos caso al estudio realizado por Forrester Research hace un par de años:

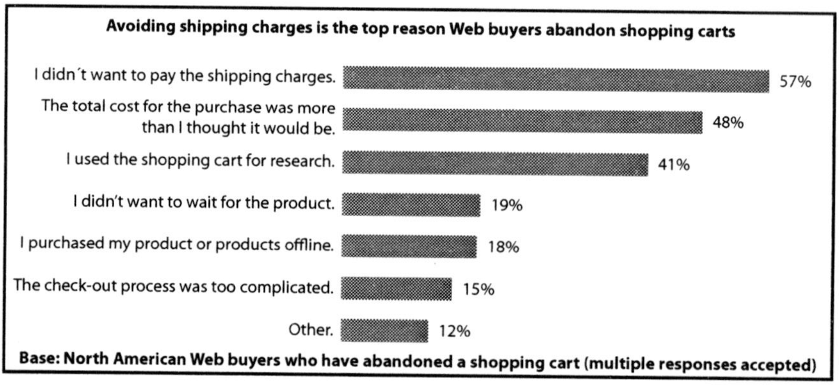

Contraindicaciones:

Como acabamos de ver podemos usar diferentes definiciones y eso hace que no haya un consenso para poner en común esta métrica.

Además, está mucho más extendida en sitios de comercio electrónico que en el resto de páginas web. A modo de guía diremos que este indicador suele estar entre el 25 y el 55%.

Si bien no lo podemos usar como «el indicador maestro» definitivamente puede ser mucho más útil que el ratio de conversión para mejorar una página web.

III. Bounce rate o tasa de rebote

Definición:

Un clásico entre los KPIs, es ideal para determinar la calidad de las landing pages de una página web.
Imaginemos que usamos una página para entrar a una página web (landing page) e inmediatamente abandonamos la página web. Esa página no ha conseguido que sigamos adelante. Se ha convertido en una página tanto de entrada como de salida al mismo tiempo.
Precisamente esto es lo que calcula el bounce rate o tasa de rebote, cuántas de las landing pages son también de salida, de entre las visitas que han visto solo una página.

Cómo obtenerlo:

Se calcula dividiendo las páginas de visión única *(single page views)* entre el total de las landing pages.
Hay otro cálculo que en vez de basarse en páginas vistas se basa en el tiempo en la página, dado que tú puedes entrar en una página solo ver esa página pero estar mucho tiempo en ella leyendo, siendo algo positivo (por ejemplo es el caso de los blogs).
De ahí que un posible cálculo se base en un número de segundos mínimo en una landing pages y de visión única.
Podemos aplicar esta tasa tanto a una página concreta, a un conjunto de páginas como al sitio entero. En este último caso su fórmula sería igual al porcentaje de visitas con visión de página única respecto al total de visitas.

Aplicación:

Es el indicador ideal para determinar si estás atrayendo a las personas adecuadas o si tus contenidos no convencen lo suficiente para continuar la visita.

Nos puede ayudar a monitorizar todo tipo de esfuerzos de optimización con relación a la retención de tráfico, incluyendo estrategias de SEO o PPC (mejorar las keywords y las landing pages en campañas con alta tasa de rebote).

Contraindicaciones:

Una vez más las diferentes definiciones hacen que sea difícil que se convierta en un estándar, pero quizás es el indicador que más se acerque a lo que queremos.

El indicador perfecto

Excluyendo a sitios cuyo objetivo no es que se profundice (blogs) o utilizando la definición que incluya el tiempo, el bounce rate cumple con los cuatro requerimientos mencionados durante el artículo: relaciona mediciones y por tanto nos da una idea de lo bien o mal que está, muestra un objetivo que toda página web persigue (atraer calidad), claramente empuja a la acción (mejorar campañas y landing pages) y es aplicable a cualquier página web (con la excepción de los blogs que solventaríamos si usamos una definición que contemple el tiempo).

¡Eureka! Ha nacido un mito.

Ahora solo falta que todo el mundo lo vea así…

¿Cuánto tardaré en obtener una combinación ganadora?

La duración del experimento depende de varios factores, los cuales podemos resumir de la siguiente forma:

- A mayor número de combinaciones, mayor duración del test
- A mayores ratios de conversión actuales, menor duración del test
- A mayor tráfico en el sitio, menor duración del test
- A menor porcentaje del trafico utilizado en la prueba, mayor duración del test

- A menor mejora en la tasa de conversión, mayor duración del test. Con un 6,3% de mejora con un 95% de intervalo de confianza necesitamos una muestra mínima de 1.000 participantes. Con solo un 2%, deberemos llegar a los 10.000 participantes para tener suficiente significación estadística
- A mayor intervalo de confianza, mayor duración del test

En el sitio de la ayuda de Google Website Optimizer encontrarás un simulador que te ayudará a estimar la duración de experimentos con distintos escenarios. Esto es solo una estimación, ya que *a priori* no podemos saber la variación real que tendremos en la tasa de conversión o si el tráfico se mantendrá (para muchos sitios el tráfico diario es lo suficientemente estable para que este no sea un factor de incertidumbre).

La siguiente tabla muestra un ejemplo de este cálculo. Nos indica que una página recibe 1.000 páginas vistas por día y una tasa de conversión de un 4%. Si una de las combinaciones que proponemos es capaz de mejorar la tasa de conversión en un 6%, es decir un incremento de un 50%, destinando un 30% del tráfico a la prueba (para no arriesgar el escenario actual de conversión de un 4%) tardaríamos 12 días en tener resultados estadísticamente válidos que nos permitirán tomar una decisión informada y reemplazar la página original por la combinación ganadora.

Estimate Test Duration

100	# Test combinations
1000	# Page views per day
30	% Visitors in experiment
4	% Current conversion rate
50	% Expected improvement

Duration: 12 days.

Últimas preocupaciones antes de empezar

«¿Tengo que gastar dinero en Adwords para usar Google Website Optimizer?» No, solo necesitas tener una cuenta de Adwords válida pero no necesariamente campañas activas. El tráfico que se utiliza en las pruebas de GWO puede venir de cualquier fuente, siendo una de ellas las campañas de Adwords.

«He tardado mucho tiempo en optimizar mi sitio para motores de búsqueda» ¿Me afectará el probar con GWO? No, GWO está desarrollado para que los *crawlers* o robots de los motores de búsqueda vean el contenido original.

«Ya tengo Google Analytics, ¿necesito Google Website Optimizer?» Sí, GWO y GA son herramientas complementarias pero muy distintas. Una te permite tener las métricas para todo tu sitio y la otra realizar pruebas como las que hemos estado viendo.

«Mi sitio está construido dinámicamente con consultas a bases de datos. ¿Puedo usar GWO?» Sí, pero dentro de las secciones a variar no se pueden incluir llamados a la base de datos y se debe tener especial cuidado con algunos caracteres que delimitan el script de GWO.

Sin duda, Google Website Optimizer es una clara invitación a mejorar nuestros ratios de conversión como nunca antes lo habíamos hecho. Y pasará a ser una realidad cotidiana de todos los que nos preocupamos por optimizar y mejorar nuestra presencia *online*.

Conclusión. De la persuabilidad a la página web inteligente: Apuntes finales

La eclosión de la Web 2.0, los más que notables niveles de penetración y uso de Internet y su impacto en múltiples sectores están provocando una aceleración en el desarrollo de soluciones y herramientas que prometen hacer mucho más llevadera la construcción de sitios y, sobre todo, su evolución hacia una siguiente etapa. Etapa que sin duda se caracterizará por dotar a nuestra presencia *online* de mucha mayor inteligencia. Podemos llamarla inteligencia artificial, inteligencia social o inteligencia comercial. Cualquiera de ellas o todas juntas ayudarán a nuestras páginas web a tomar decisiones propias y a integrarse de una manera natural a las lógicas de negocio de nuestras compañías.

Las tendencias apuntan a que todo será IP, aparecerán miles de aplicaciones que por pocos euros –si es que no son gratuitas– podremos integrar en nuestras páginas web con un simple copiar-pegar, las experiencias de uso serán cada vez más sencillas e interactivas e irán de la mano de entornos basados en AJAX y las bases de datos se convertirán en el corazón de nuestras páginas web, las cuales hablarán con todo tipo de dispositivos y aplicaciones internas de negocio.

La llegada del móvil como vehículo central para conectarnos a Internet promete hacer el futuro mucho más apasionante y entretenido. La geolocalización y la posibilidad de tener un ID único hace que las posibilidades de poner inteligencia comercial a nuestras estrategias digitales se multipliquen claramente.

Si volcamos la mirada un poquito más allá y lo hacemos mirando al 2020 o 2025 de la mano del escritor futurista James Canton, autor del libro *The Extreme Future*, los niveles de excitación son ya extremos: nos conectaremos gratuitamente y a nivel mundial a una Internet sin cables, la televisión y el teléfono se encontrarán plenamente integrados a ella, más de 4.000 millones de personas comprarán habitualmente a través de Internet, la cibernética y la conexión entre la robótica y nuestras neuronas cerebrales será una realidad y conviviremos con robots en nuestros hogares conectados por Internet (o como en ese minuto le llamemos).

Ante este contexto –sea más o menos realista– la sensación que prevalece es que todo esto no ha hecho que empezar y nos encontramos dando nuestros primeros pasitos en la manera en la que conceptualizamos y diseñamos páginas web persuasivas.

Hasta la fecha hemos conceptualizado, diseñado y desarrollado páginas web tontas. Páginas que nos ofrecen su misma cara cada vez que llegamos a ellas, sitios que no nos reconocen y que no responden a nuestras expectativas personales, sitios que no aprenden de sus errores y que no aplican de forma proactiva ningún tipo de inteligencia comercial para que volvamos a repetir nuestra visita y acabemos convirtiéndonos en sus clientes.

Y el primer gran salto que debemos empezar a dar es convertir nuestras presencias comerciales planas y absolutamente carentes de inteligencia alguna en presencias comercialmente más agresivas que modulen sus discursos y mensajes en función de múltiples variables.

La persuabilidad se presenta como el primer eslabón hacia la creación de páginas web inteligentes dotándolas de un objetivo de conversión. Y en este sentido, interiorizar las ideas que hemos desarrollado en este libro, se convertirá en la semilla para llegar a una nueva etapa en la que las páginas web empezarán a pensar y a tomar decisiones por nosotros. Y comienza a no ser una opción (más bien ya una obligación). Ha llegado el momento de hacer sitios inteligentes que proactivamente ejecuten acciones dentro y fuera de la Web que atiendan al perfil de usuarios que somos y cómo nos comportamos. Llegan las reglas de negocio a nuestra presencia *online*. Llega la «customización» y personalización con mensajes con inteligencia. Llega la microsegmentación. Llega la inteligencia comercial *online*.

Más allá del testing multivariante, nos surgen primeras ideas o ejes para empezar a dotar a nuestros sitios de mayor inteligencia:

- **Landing pages con textos dinámicos** que utilicen las palabras claves de nuestras campañas o las búsquedas naturales de nuestros usuarios para contextualizar los mensajes. Los usuarios tendemos a dedicar mucho más tiempo en aquellas páginas web en las cuales aparecen las palabras clave que hemos buscado. ¿Qué mejor que crear landing pages que hagan uso de las mismas de manera dinámica?
- **Contextualización de nuestra información** según los datos geográficos del usuario. Por reconocimiento de IP podemos saber el país, región, ciudad, latitud y longitud desde la que navega el usuario. ¿No debemos utilizar este recurso para adaptar nuestro discurso localmente?
- **Proactividad comercial en nuestros buscadores internos.** Los buscadores internos son cada vez más utilizados por nuestros impacientes usuarios. La utilización de algoritmos que prioricen –de manera dinámica– los resultados según las probabilidades de conversión debería ser para todos ya una obligación. Pero, además, éstos deberían permitirnos introducir promociones y campañas para maximizar nuestras posibilidades de cerrar un trato con nuestros clientes.
- **Reglas de negocio en función de criterios concretos** (momento del día o del mes, situación del cliente, páginas visitadas...). La tecnología ya nos permite hacer una microsegmentación en la que nadie del mundo del marketing hubiera nunca soñado. ¿No deberíamos dar

nuestros primeros pasitos probando reglas de negocio con un desarrollo a medida para ver cómo reaccionan nuestros usuarios?

- **Capas y niveles de contenidos distintos** en función del tiempo de visita o las páginas visitadas por nuestros usuarios. El comportamiento mismo del usuario nos permite condicionar los contenidos que mostramos y cómo debemos mostrarlos. Atender a diferentes arquetipos de usuarios con necesidades de información diferentes en función de su comportamiento nos parece algo que puede tener mucho sentido.
- **Creación de precios dinámicos** en función de los niveles de venta, los ratios de conversión o las promociones que estamos desarrollando. Existen ya soluciones que nos permiten condicionar nuestros precios en función de múltiples variables que tienen que ver con la misma página web y que, por tanto, son susceptibles de automatizar
- **Customización de mensajes** en función del comportamiento actual o histórico de nuestros usuarios. El *behavioral targeting* se está aplicando en redes publicitarias con muy buenos resultados y en muy poco tiempo será nuestro pan de cada día ya que las posibilidades de customizar mensajes en función de criterios de comportamiento son infinitas (al mismo tiempo que sumamente efectivas). ¿Qué sentido tiene que vea un mensaje o destacado el usuario que sistemáticamente no presta atención alguna?
- **Ofertas de última hora** para aquellos usuarios que estén abandonando nuestro sitio. Puede sonar un tanto agresivo, pero en determinados casos sumamente efectivo para darnos una última oportunidad para enganchar con el usuario que está a punto de abandonarnos.
- **Envíos automatizados de correos electrónicos** según el comportamiento en el sitio (p.e. abandono de la página web con un producto en el carrito de compra). Hasta la fecha, hemos pensando demasiado en términos de página web y poco en la posibilidad inteligente y automatizada que debe tener el correo electrónico para desarrollar una relación más cercana con nuestros usuarios. No nos referimos al típico newsletter con periodicidad establecida que contiene informaciones que el usuario no quiere leer ni a las ofertas que no siempre generan el interés que nos gustaría. Nos referimos a

ponerle inteligencia *push* a determinados momentos. Por ejemplo, enviando un recordatorio o promoción cuando un usuario no ha materializado una compra a pesar de haber introducido productos en nuestro carrito de la compra o cuando ha realizado una búsqueda de un producto pero no lo ha adquirido y pasados unos días podemos ofrecerle mejores condiciones o productos. Debemos pensar en una estrategia *push* siempre desde la sutileza y relevancia.

- **Personalización y configuración** a medida de nuestros productos deseados. La creación de propuestas dinámicas (venta cruzada, condiciones especiales...) en función de la personalización que el usuario esté realizando de nuestro producto puede también tener mucho sentido.
- **Complementar campos automatizados** para los clientes reincidentes. La simplificación de pasos o trabajo parece ya de obligado cumplimiento para evitar abandonos por el camino. ¿Estamos seguros de que no podemos facilitarle aún más la vida a nuestros usuarios? ¿Por qué cada vez que entro en las mismas compañías aéreas me piden mi ciudad de origen?
- **Activación de chats proactivos** en determinados momentos. La integración de una atención personalizada de manera proactiva cuando todo apunta a que el usuario se ha quedado atascado podría ser sumamente rentable en determinadas páginas de nuestra presencia *online*. ¿Lo hemos analizado con la debida atención?

Para hacerlo todo aún más entretenido, tendemos hacia un mundo claramente más multimedia e interactivo donde cada día nos vamos a ver más rodeados de neveras desde las que realizamos la compra semanal, televisores interactivos con entretenimiento para toda la familia, cajeros automáticos para casi todo o escaparates interactivos. La omnipresencia de tales canales electrónicos nos llevará a necesitar de profesionales que se hayan formado en esta primera era de Internet para conseguir llevar al usuario a realizar una determinada acción y para saberlo hacer en el futuro en cualquier medio interactivo.

Los viejos modelos del marketing intrusivo-tradicional serán sustituidos por modelos que entiendan de experiencia de uso en aplicativos digitales, pero con altos conocimientos de persuasión y de generación de presión positiva en el cliente, comprensión de los detonantes racionales y emocionales de los potenciales clientes y un instinto nato en el arte de vender.

El mundo reclamará un nuevo superprofesional –un superhéroe de la persuabilidad– y nos quedan solo pocos años por delante para entender mejor que nadie cómo incrementar drásticamente nuestros ratios de conversión en la página web, para hacerlo después en cualquier dispositivo digital o canal electrónico.

¿Te sumas a nuestra particular cruzada?

Si es así, todo continúa en www.persuabilidad.com

Notas

Capítulo 1

1 LINDGAARD, G. «Web users judge sites in the blink of an eye», *Nature News* (09-01-2008).
2 GLADWELL, M. *Blink: The Power of Thinking Without Thinking*, Back Bay Books, 2007.
3 JOYNER, M. *The Irresistible Offer: How to Sell Your Product or Service in 3 Seconds or Less*, Wiley, 2005.
4 NIELSEN, J. *Homepage Usability: 50 Websites Deconstructed*, New Riders Press, 2001.
5 DESMET, P. *Designing Emotions*, Delft University of Technology, 2002.
6 RENVOISÉ, P. y MORIN, C. *Neuromarketing: Is There a «Buy Button» in the Brain? Selling to the Old Brain for Instant Success*, SalesBrain Publishing, 2005.
7 CIALDINI, R. *Influence: The Psychology of Persuasion*, Collins, 1998.

Capítulo 2

8 STANDFORD, J., TAUBER, E.R., FOGG, B.J. y MARABLE, L. *Experts vs. Online Consumers: A Comparative Credibility Study of Health and Finance Web Sites*, Consumer WebWatch Research Report, 2002.
9 CIALDINI, R. Ob. cit.
10 Ibíd.
11 VELOSO, M. *Web Copy That Sells: The Revolutionary Formula for Creating Killer Copy Every Time*, AMACOM, 2004.

Capítulo 3

12 SCHWARTZ, B. *The Paradox of Choice*, Ecco, 2003.

Capítulo 4

13 MCGOVERN, G. *Killer Web Content: Make the Sale, Deliver the Service, Build the Brand*, A&C Block, 2006.
14 CHAK, A. *Submit Now*, New Riders Press, 2002.
15 FORRESTER CONSULTING, «The Total Economic Impact of LivePerson Third-Generation Chat Solution».

Capítulo 5

16 POYNTER INSTITUTE. *Eye Tracking Study «EyeTrack III»*, 2004.
17 KRUGG, S. *Don't Make Me Think: A Common Sense Approach to Web Usability*, New Riders Press (2ª edición), 2005.
18 VELOSO, M. *Web Copy That Sells: The Revolutionary Formula for Creating Killer Copy Every Time*, Amacom, 2004.
19 RENVOISÉ, P. y MORIN, C. Ob. cit.
20 DUPONT, L. *1001 trucos publicitarios*, RobinBook (3ª edición), 2004.
21 GLADWELL, M. *Blink: The Power of Thinking Without Thinking*, Back Bay Books, 2007.

Capítulo 6

22 Un wireframe es una representación esquemática de una página web sin elementos gráficos que muestran el contenido y comportamiento de las páginas. *(N. del E.)*

Capítulo 7

23 CHAK, A. Ob. cit.

Capítulo 8

24 Todos los estudios pueden solicitarse gratuitamente en la dirección http://www.multiplica.com

Agradecimientos

A todos los que día a día desde Multiplica nos habéis ayudado a crear, dar forma y consolidar la persuabilidad como disciplina, un millón de gracias. Gracias a todos pero en especial –por vuestras aportaciones y sugerencias sobre el libro– a Álex Castellote, Carol Alonso, Claire Legard, Enric Quintero, Fernando Gavarrón, Gaby Prado, Gonzalo López, Gustavo Rojas, Jordi Garcia, Luiza Voll, Malisa Gutiérrez, Maria Benito, Miriam Abellà, Oriol Ibars, Orsolya Müller, Roberto Vaucourbeil o Víctor Solà.

También a todos los que nos habéis enriquecido con nuevas visiones y conocimientos de Internet: Alfons Cornella, Ana Álvarez, Andrés Flores, Antonio González-Barros, Ariel Guersenzvaig, David Otero, Doris Obermair, Enric Cid, Evaristo Babé, Felipe Morales, Jacobo Álvarez, Marc Ribas, Marcelo Feito, Mónica Zapata, Núria Dolader, Santi Mundi, Xavi Mauri y Xavi Creus.

Y a los muchos clientes que nos han ayudado a ser mejores profesionales. Entre ellos, Abba Hoteles, Almirall, BBVA, BCI, Canal 13, Carrefour, Consorcio Turisme de Catalunya, Diputació de Barcelona, Endesa, EntelPCS, Galicia, HP, Iberia, Ikea, IM Trust, La Caixa, La Sirena, Liberty Seguros, Lilly, Médicos Sin Fronteras, Metrogas, Movistar, Panasonic, Planeta, RACC, UOC, Sanitas, Telmex, Viajes Falabella, Vodafone, entre otros.

A nuestras familias –especialmente a nuestras queridas madres Maite y Pilar– y a nuestros buenos amigos por vuestro apoyo incondicional y por tantos buenos momentos juntos.